非物质文化遗产丛书
Intangible Cultural Heritage Series

凤凰岭传说

北京凤凰岭自然风景公园　编著

北京市文学艺术界联合会　组织编写

北京出版集团公司
北京美术摄影出版社

图书在版编目（CIP）数据

凤凰岭传说 / 北京凤凰岭自然风景公园编著 ；北京
市文学艺术界联合会组织编写. — 北京 ：北京美术摄影
出版社，2018.1
（非物质文化遗产丛书）
ISBN 978-7-5592-0102-7

Ⅰ．①凤… Ⅱ．①北… ②北… Ⅲ．①风景区—介绍
—北京 Ⅳ．①K928.701

中国版本图书馆CIP数据核字（2017）第325608号

非物质文化遗产丛书
凤凰岭传说
FENGHUANG LING CHUANSHUO

北京凤凰岭自然风景公园　编著

北京市文学艺术界联合会　组织编写

出　　版　北京出版集团公司
　　　　　北京美术摄影出版社
地　　址　北京北三环中路6号
邮　　编　100120
网　　址　www.bph.com.cn
总 发 行　北京出版集团公司
发　　行　京版北美（北京）文化艺术传媒有限公司
经　　销　新华书店
印　　刷　北京方嘉彩色印刷有限责任公司
版印次　2018年1月第1版第1次印刷
开　　本　787毫米×1092毫米　1/16
印　　张　17.75
字　　数　256千字
书　　号　ISBN 978-7-5592-0102-7
定　　价　68.00元
如有印装质量问题，由本社负责调换
质量监督电话　010-58572393

编委会

组织编写

北京市文学艺术界联合会

北京民间文艺家协会

序

赵　书

　　2005 年，国务院向各省、自治区、直辖市人民政府，国务院各部委、各直属机构发出了《关于加强文化遗产保护的通知》，第一次提出"文化遗产包括物质文化遗产和非物质文化遗产"的概念，明确指出："非物质文化遗产是指各种以非物质形态存在的与群众生活密切相关、世代相承的传统文化表现形式，包括口头传统、传统表演艺术、民俗活动和礼仪与节庆、有关自然界和宇宙的民间传统知识和实践、传统手工艺技能等，以及与上述传统文化表现形式相关的文化空间。"在北京市"保护为主、抢救第一、合理利用、传承发展"方针的指导下，在市委、市政府的领导下，非物质文化遗产保护工作得到健康、有序的发展，名录体系逐步完善，传承人保护逐步加强，宣传展示不断强化，保护手段丰富多样，取得了显著成绩。

　　2011 年，第十一届全国人民代表大会常务委员会第十九次会议通过《中华人民共和国非物质文化遗产法》。第三条中规定"国家对非物质文化遗产采取认定、记录、建档等措施予以保存，对体现中华民族优秀传统文化，具有历史、文学、艺术、科学价值的非物

凤凰岭传说

质文化遗产采取传承、传播等措施予以保护"。第八条中规定"县级以上人民政府应当加强对非物质文化遗产保护工作的宣传，提高全社会保护非物质文化遗产的意识"。为了达到上述要求，在市委宣传部、组织部的大力支持下，北京市于 2010 年开始组织编辑出版"非物质文化遗产丛书"。丛书的作者为非物质文化遗产项目传承人以及各文化单位、科研机构、大专院校对本专业有深厚造诣的著名专家、学者。这套丛书的出版赢得了良好的社会反响，其编写具有三个特点：

第一，内容真实可靠。非物质文化遗产代表作的第一要素就是项目内容的原真性。非物质文化遗产具有历史价值、文化价值、精神价值、科学价值、审美价值、和谐价值、教育价值、经济价值等多方面的价值。之所以有这么高、这么多方面的价值，都源于项目内容的真实。这些项目蕴含着我们中华民族传统文化的最深根源，保留着形成民族文化身份的原生状态以及思维方式、心理结构与审美观念等。非遗项目是从事非物质文化遗产保护事业的基层工作者，通过走乡串户实地考察获得第一手材料，并对这些田野调查来的资料进行登记造册，为全市非物质文化遗产分布情况建立档案。在此基础上，各区、县非物质文化遗产保护部门进行代表作资格的初步审定，首先由申报单位填写申报表并提供音像和相关实物佐证资料，然后经专家团科学认定，鉴别真伪，充分论证，以无记名投票方式确定向各级政府推荐的名单。各级政府召开由各相关部门组成的联席会议对推荐名单进行审批，然后进行网上公示，无不同意见后方能列入县、区、市以至国家级保护名录的非物质文化遗产代表作。丛书中各本专著所记述的内容真实可靠，较完整地反映了这些项目的产生、发展、当前生存情况，因此有极高历史认识价值。

第二，论证有理有据。非物质文化遗产代表作要有一定的学术价值，主要有三大标准：一是历史认识价值。非物质文化遗产是一定历史时期人类社会活动的产物，列入市级保护名录的项目基本上要有百年传承历史，通过这些项目我们可以具体而生动地感受到历史真实情况，是历史文化的真实存在。二是文化艺术价值。非物质文化遗产中所表现出来的审美意识和艺术创造性，反映着国家和民族的文化艺术传统和历史，体现了北京市历代人民独特的创造力，是各族人民的智慧结晶和宝贵的精神财富。三是科学技术价值。任何非物质文化遗产都是人们在当时所掌握的技术条件下创造出来的，直接反映着文物创造者认识自然、利用自然的程度，反映着当时的科学技术与生产力的发展水平。丛书通过作者有一定学术高度的论述，使读者深刻感受到非物质文化遗产所体现出来的价值更多的是一种现存性，对体现本民族、群体的文化特征具有真实的、承续的意义。

第三，图文并茂，通俗易懂，知识性与艺术性并重。丛书的作者均是非物质文化遗产传承人或某一领域中的权威、知名专家及一线工作者，他们撰写的书第一是要让本专业的人有收获；第二是要让非本专业的人看得懂，因为非物质文化遗产保护工作是国民经济和社会发展的重要组成内容，是公众事业。文艺是民族精神的火炬，非物质文化遗产保护工作是文化大发展、大繁荣的基础工程，越是在大发展、大变动的时代，越要坚守我们共同的精神家园，维护我们的民族文化基因，不能忘了回家的路。为了提高广大群众对非物质文化遗产保护工作重要性的认识，这套丛书对各个非遗项目在文化上的独特性、技能上的高超性、发展中的传承性、传播中的流变性、功能上的实用性、形式上的综合性、心理上的民族性、审美上的地

凤凰岭传说

域性进行了学术方面的分析，也注重艺术描写。这套丛书既保证了在理论上的高度、学术分析上的深度，同时也充分考虑到广大读者的愉悦性。丛书对非遗项目代表人物的传奇人生，各位传承人在继承先辈遗产时所做出的努力进行了记述，增加了丛书的艺术欣赏价值。非物质文化遗产保护人民性很强，专业性也很强，要达到在发展中保护，在保护中发展的目的，还要取决于全社会文化觉悟的提高，取决于广大人民群众对非物质文化遗产保护重要性的认识。

编写"非物质文化遗产丛书"的目的，就是为了让广大人民了解中华民族的非物质文化遗产，热爱中华民族的非物质文化遗产，增强全社会的文化遗产保护、传承意识，激发我们的文化创新精神。同时，对于把中华文明推向世界，向全世界展示中华优秀文化和促进中外文化交流均具有积极的推动作用。希望本套图书能得到广大读者的喜爱。

2012 年 2 月 27 日

序

PREFACE

石振怀

《凤凰岭传说》就要付梓印刷了，可喜可贺！

其实，本书的序文本是请著名民俗学前辈、2005年版《凤凰岭的传说》的序文作者赵书老师撰写的。无奈赵书老师因病住院，而我是负责约请赵书老师写序的联系人，却阴差阳错地被推到为本书写序的位置。有如是命运使然，让我感到有些难以推托。

说起凤凰岭，我虽然去过几次，但只能说是常识性地了解一些。除了知道京西名刹"龙泉寺"在凤凰岭，还知道周边有个"继升塔"，其他似乎就知之甚少了。对于有关凤凰岭传说的内容，就更是未曾听闻了。只是我在北京市非物质文化遗产保护工作之初，曾在北京群众艺术馆负责全市非遗方面的工作，也有幸参加了"凤凰岭传说"申报海淀区级非遗名录的评审和申报北京市级非遗名录的推荐，对凤凰岭传说的申遗过程有过一些了解，对民间传说的传承也有些话想说，这也算是我斗胆为本书写序的内在缘由吧！

说起"凤凰岭传说"申报海淀区级非遗名录，以及后来进入北京市级非遗名录，其过程还是有过一些周折的。其主要原因在于当时"凤凰岭传说"的申遗主要依据的是此前出版的《凤凰岭的传

序

说》一书，而对于民间讲述者的信息却未能做深入调研。那是2009年4月25日，当时海淀区第二批区级非物质文化遗产名录专家评审会在紫玉饭店召开，著名民间文学评论家，原中国民间文艺家协会党组书记、中国文联研究员刘锡诚先生等一众专家参加了此次评审会。会上，刘锡诚老师在肯定"凤凰岭传说"申遗的基础上，提出了申报依据方面的相关问题，指出：民间文学申遗不能仅凭一本没有讲述者信息的书籍。在那次会上，我也附议了刘锡诚老师的观点，我在自己准备的评审意见中写道：不能以一本书作为申报依据，一定要从民间找到会讲这些传说的人。

就在这一年，我受托担任了由北京市文化局、北京市社会科学界联合会联合编写的《2009北京非物质文化遗产研究报告》执行主编，其中民间文学部分的研究报告是我邀请刘锡诚老师撰写的。在该报告中，刘锡诚老师没有讳言"凤凰岭传说"申遗中涉及的问题，他在报告中列举了"凰凰岭传说"申遗的事情，原文大意是：在申报北京市级非遗名录之前，由北京市文联与北京凤凰岭公园共同组织编写了一本《凤凰岭的传说》（中国文联出版社2008年8月版），这本标明"民间文学作品集"的书里收录了83篇海淀区的作家们深入凤凰岭地区"采风"创作的以凤凰岭风物、人物、史事、民俗为题材的故事性作品。申报主体凤凰岭公园以这本凤凰岭的传说故事集为基础申报海淀区级非遗名录。海淀区非物质文化遗产办公室为该项目是否进入海淀区名录，先后召开了两次专家论证会，非常认真地听取了专家的意见。专家组一致认为：凤凰岭传说作为民间文学项目，应进入海淀区的名录，如果成功，还可以继续申报北京市级非物质文化遗产名录。同时指出：申报单位为评审所提供的传说文本，是作家们根据在民间的闻见和以民间传说主题而创作的文学作品，而不是直接从民众讲述者口头讲述中记录下来的。希望他们派员到凤凰岭一带农村里再做补充性的田野调查采录，提供出真正意义上的民间文学作品来，以证明凤凰岭传说在今天仍然还在那一带的民众中广泛口头流传。论证会后，凤凰岭公园根据专家意见，派员到村子里再次做了田野调查采录，终于提供出一批可供评审定性的田野文本材料和传承人材料，使该项目在参评第三批"北京市级非物质文化遗产名录"时，获得顺利通过。

民间传说来源于哪儿？肯定应当来自民间百姓的口口相传，这里蕴含着劳动人民的聪明才智，寄托着民间百姓的爱憎好恶，是人民群众朴实无华的文化创造，是民间文学宝库中不可缺少的重要内容。因此，民间传说的本源是那些生活在不同地域环境中的劳动人民。如果丢失了民间讲述者的历史信息，民间传说就成了无源之水、无本之木。

2016年我曾奉邀为石景山区杨金凤老师编著的非遗丛书《八大处传说》写过一篇序文，文中我表达了对民间传说的一些粗浅看法。

第一，民间传说是人民群众的口头创作，但不属于历史，但却依据历史而生，与历史有着不可分割的关系。许多民间传说大都依附在一定的历史时期或重要的历史人物身上，派生在一定的历史环境中，甚至与真实的历史同步生长，但它不等同于历史，它与真实的历史有着本质的区别。民间传说只是人们受历史事件、历史人物的影响，为表达个人情感，根据个人的价值取向、喜怒哀乐、主观好恶而进行的艺术创作，因此它是通过千百万人的口头传播而逐步形成的口头文学作品。

第二，民间传说在传播中会形成多个版本。民间文学在传播中会不断进行再创作，每一个参加传播的人都会根据自己的想象、好恶不断地进行艺术加工，因而传播的人不同，传播的路径不同、传播的能量不同，也造成了一个传说故事与它的最初讲述会有一定的差别，从而形成了差异性的多版本的民间传说。因此，通过艺术加工印成文字之后的民间传说，与真实传播在百姓之间的口头文学不能完全对等起来。

第三，民间传说离不开讲述者、记录者，因而呈现出丰富多彩的故事内容。民间传说来自民间，来自老百姓的口头创作，因此它的源头一定来自民间的讲述者，并且经过百姓的口口相传，才会不断传播并传承至今。但同时，民间传说也会被人们以文字的形式记录下来，并留给后人。因此，民间传说变成文字的过程，也离不开那些根据讲述者的讲述而进行收集整理的记录者，这些记录者将民间百姓的传说故事忠实地记录下来，但还需要在一定程度上将故事进行完善和润色，变成经过加工的文字记录。

第四，民间传说的传承保护，最根本的是要在民间有更多的讲述者。民间传说变成文字记录下来留给后世，是民间传说保存和传播的重要手段，但不是传承传播的根本路径。最根本的，则是要通过营造传播环境、举办故事会等方式，让更多的人对我们祖先留下来的这些传说故事产生兴趣，愿意将自己所知道的这些传说讲给更多的人去听，无论是在住所讲、公园讲还是在学校讲，也无论是老人讲、老师讲还是家长讲，或举办故事会让孩子自己去讲，都需要有更多的人了解和讲述我们身边流传至今的那些传说故事。

无疑，"凤凰岭传说"也具有这样的特点，它的传承传播也离不开以上所说的路径。其实，现在民间传说的传承面临的是共同的困难，那就是除了我们通过记录者的笔，将那些丰富多彩的民间传说编纂成一本本合集之外，却在民间越来越鲜见那些百姓们聚在一起聊传说、讲故事的场景，许多以前十分活跃的讲述者一个个故去，而没有新的继承者继续讲这些传说，也应该说是民间传说传承下去所面临的最大挑战。因此，我有一个强烈的愿望，就是要让民间传说走进校园，让孩子们通过故事会等多种方式讲述和传播民间传说，让民间传说"活"起来。此举不仅是传播民间传说的重要手段，也是增加学生课外书籍的阅读量、锻炼学生口头表达能力的有效方式，并能起到提高孩子们遣词造句和作文写作能力的作用。

是为序。

2017 年 9 月

（石振怀为原北京文化艺术活动中心副主任）

前言

　　北京西山凤凰岭一带，是一片美丽、古老而神奇的土地。这里群山耸立、峰峦叠嶂、林木苍翠、泉水潺潺、四季分明，自然风光壮丽秀美；这里遍布着大量的文物古迹名胜，儒、释、道、古东方养生等文化源远流长，人文历史文化底蕴非常丰厚，特别是那些在民间百姓之中流传已久、数量众多、异彩纷呈的民间故事和传说，更给这片土地增添了迷人的神秘色彩。因此，北京西山的凤凰岭，当之无愧地成为各地游客假日观光、休闲郊游的首选之地。

　　凤凰岭这片肥沃的土地上物产丰富，瓜果飘香。泉水滋养着勤劳朴实的人民，青山铭刻着美丽动人的传说。千百年来，伴随着劳动人民的辛勤劳作和对这片土地的热爱和敬畏，种种精彩动人的传说口口相传，流传至今。

　　本书中的传说和故事，流传了上百年。这些传说和故事精彩动人，离奇神秘，意义深远，既有歌颂真、善、美的，又有鞭挞假、恶、丑的，集中体现了百姓对世间万物的淳朴、善良愿景和对幸福生活的向往与追求。同时，这些传说和故事，集可读性、趣味性、典故性、神奇性于一体，读来令人赏心悦目，心旷神怡，耳目一新。

目录

序　　　　　　　　　　　　　　赵　书

序　　　　　　　　　　　　　　石振怀

前言

凤凰岭传说

第一章

凤凰岭传说概述

一、凤凰岭及所在区域概况

凤凰岭是位于北京市海淀区苏家坨镇境内的风景名胜区，距天安门33千米，总面积10.62平方千米，植被面积90%，树木繁多。这里以奇山、泉瀑及宗教人文古迹众多而著称，融天然和人文景观于一体，山、寺、泉、林各具特色。

凤凰岭自然山脉绵延起伏，历史古迹千年遗存，车耳军事八旗联营，儒释道教名刹遍布，文化经典民俗鲜活，生态优良绿海清新，北国景观错落有致，物产丰富独具一格。

凤凰岭原名老爷山，《帝京景物略》对此曾有记载："山在昌平州西南二十五里，高十余丈，石鳟沓危立……自金章宗游此，镌驻跸字，人呼驻跸山。"又因"西山三百七十寺"，驻跸山刻有"神山拱佑"，故又被称为"神山"。

景区内野趣天成，青山绿水，蓝天白云、层峦叠翠、密林曲径，奇花异草遍及山野，具有良好的生态环境；上风上水的地理优势，使之有"京城绿肺"之称。凤凰岭享有"京西小黄山"之美誉，奇山、怪石、林海、神泉为其奇妙的天然景观。凤凰岭三季有花，四季有景，是春游踏青、夏令避暑、秋季采摘、冬观雪景的胜地。

景区人文景观也丰富多彩。佛、道、儒等宗教文化以及古东方养生

◎ 凤凰岭远眺 ◎

文化的遗址、遗迹众多，文化积淀丰厚，它们与自然景观相得益彰，共同构成区内北、中、南三线40余处可观景点。

二、凤凰岭传说产生的地缘环境

凤凰岭位于海淀区西北部，与梁家园、台头村、聂各庄、车耳营四村相邻，自元代至民国属昌平县（今昌平区），中华人民共和国成立后划入海淀区。

凤凰岭北部与昌平区阳坊镇接壤，是通往居庸关、八达岭、十三陵等著名旅游区的要道之一；东邻稻香湖旅游区；南接鹫峰、大觉寺和阳台山旅游区；西部与门头沟区妙峰山接壤。

凤凰岭自古以来就是民间去"娘娘顶"进香的重要通道，自明清至民国，进入妙峰山娘娘庙会老北道香道便位于南线，景区内同时也有十几处茶棚遗址留存。凤凰岭下台头村也因明、清、民国时去妙峰山进香的香客需抬头看山而得名，故凤凰岭传说中有较多与进香有关，如"大风口的葛针不带钩的传说""老北道泉水的传说"等。

凤凰岭地区有记录的遗址遗迹包括上方寺、龙泉寺、桃源观、黄普院、关帝庙、吕祖洞等。自古以来它们就和当地广大劳动人民发生着种种关联，同时也流传着众多与寺庙有关的美丽传说和动人故事，如"上

◎ 老人讲述凤凰岭传说 ◎

方寺的和尚不化缘""黄普院改名皇姑院"等。

三、凤凰岭传说的内容及分类

（一）凤凰岭由来的传说

该部分传说主要介绍凤凰岭名称的由来，有神鸟凤凰与凤凰岭的种种传说故事，如"凤凰岭金鸡报晓的故事""凤凰鸣声与十二音律"等；也有自金朝凤凰岭前称驻跸山的由来，如"驻跸山与逍遥营的故事""驻跸山金章宗的传说"。这一部分传说讲述了凤凰岭名称的前世今生及人民群众对凤凰岭所赋予的美好寓意。

（二）凤凰岭景观传说

景观传说是凤凰岭传说的一个重要组成部分，内容包含山川、河流、奇峰怪石、古寺、古塔等的来历和趣闻，其中很多传说都与这里的宗教文化有关。如"金刚石塔的来历""飞来石塔的传说""阴凉石的传说""神泉的传说""一窝猪的传说""金牛拉磨的传说"等。因凤凰岭地区宗教寺庙众多，这里很多传说都与寺庙和宗教文化有关。如"悬空寺的传说""上方寺、下方寺和搁衣庵的传说""上方寺聚宝盆的传说""龙泉寺金龙桥的传说"等。

（三）凤凰岭洞石传说

儒释道文化和古东方养生文化在凤凰岭源远流长。凤凰岭奇石遍

◎ 凤凰岭晨曦 ◎

布，各个栩栩如生，都有属于自己的故事传说，如"神蛙石""将军石传说"等。凤凰岭洞穴既有天然洞穴，也有人工开凿的石洞，天然洞穴的传说包括"寒崖洞传说""莲花洞传说"等，人工开凿的洞穴传说则更为丰富，包括"魏老爷洞传说""吕祖洞传说""朝阳洞中的石佛"等系列传说，表现了凤凰岭悠久的历史和宗教养生文化传统。

（四）凤凰岭人物传说

人物传说以魏老爷的传说最多，如"魏老爷得道的传说""魏老爷给穷人治病的传说""魏老爷给地主做长工的传说"与"魏老爷种高粱的传说""魏老爷的一双鞋"等，此外还有凤凰岭地区可爱人物及宣扬真善美的种种传说，如"铁胳膊张三的传说""张大胆打狼""灵芝女"的传说等，表达了凤凰岭地区人民对真善美和美好生活的向往。

（五）凤凰岭风物传说

凤凰岭风物传说是凤凰岭地区劳动人民运用奇妙的幻想、超自然的形象、神奇变化的手法而创作的。它的创作以叙事现实的手法，讲述了凤凰岭的种种传奇故事，将凤凰岭地区的特定的风物、特产、民俗等融入生动的故事进行解说，如"聚宝盆传说""大风口的葛针不带钩的传说""寺倒自修、银藏西沟的传说"等。这些传说故事使凤凰岭的传说更加丰富多彩。

四、凤凰岭传说的基本特点

凤凰岭地区的文化密集度很高。凤凰岭的传说故事以凤凰岭美丽的自然景观和浓郁的宗教氛围为背景，生动形象地展示了这里的自然景观、人文景观、历史人物、宗教文化等。

凤凰岭传说流传于凤凰岭及其周边，有一定的可信度。有些内容直接讲述当地发生的人和事，如"铁胳膊张三"讲述了白虎涧村猎户张三为民除害，打死伤害村民的豹子的故事。"魏老爷的传说"所讲述的事件和人物也曾在历史上出现过，并且与当地的景点、实物有关，至今仍存有魏老爷灵塔，龙泉寺里还供奉着魏老爷塑像。因此有些传说是历史真实与艺术真实的巧妙结合。

◎ 凤凰岭雨雾与杏花 ◎

　　凤凰岭传说题材广泛、故事数量较多，语言通俗易懂，情节生动感人，寓意深刻，是脍炙人口的民间文学作品，虽然其中的一些传奇故事有一定程度的虚构与夸张。但在过去文化、娱乐生活贫乏的年代，具有很强的趣味性和娱乐性。

　　本书中的民间传说和故事，都是在这里流传了上百年，甚至几百年以上。这些传说和故事精彩动人、神秘离奇、内涵丰富、引人入胜，既有歌颂真、善、美的，又有鞭挞假、恶、丑的。因此，它集中体现了百姓美好、善良的愿望和对幸福生活的向往追求。同时，这些传说和故事，集可读性、趣味性、典故性于一体，读来令人心旷神怡，耳目一新。

五、凤凰岭传说的传承传播

　　凤凰岭传说故事结合凤凰岭地区特有的人物历史和自然景观，故事一直流传于凤凰岭及其周边乡镇，与整个凤凰岭地区的风土人情和历史渊源密不可分。

　　传说一直采用口头代代相传、村民相授的集体传承方式。在凤凰岭一带的众多村庄中很多村民都能讲授从祖、父、乡亲那里听来的关于凤凰岭的传说故事。

由于凤凰岭传说大都采用民间百姓父传子、子传孙，乡亲传四邻的集体传承方式。因此，难以列出具体的传承体系。按照现在所知的传说时间来看，其大概的传承关系如下。

上一代：黄焕成（1879—1973）、孟万启（1882—1946）、黄福厚（1907—1993）、李王氏（1901—1973）、张志山（1914—1952）、邢文顺、姚氏、李庆明、李庆春、李庆旺等。

这一代：黄金水（1949—2014）、李庆山（1937—2015）、张汉林（1929—）、邢淑兰（1938—）、张志诚（1934—2016）、赵锡友（1930—）、王生（1932—2015）等。

随着时代快速发展，一些依靠口头传承的民间艺术文化正在不断消失。自2007年起，北京凤凰岭自然风景公园特邀海淀区文学艺术家联合会和作家协会的作家们来到景区深入采风，对凤凰岭地区流传的传说故事进行抢救、发掘、搜集、整理。对于民间的传说给予文字的记载，使其流传下去。同时也对凤凰岭地区的民间非物质文化遗产进行保护。

◎ 凤凰岭公园工作人员到地头采访、收集传说材料 ◎

凤凰岭传说由北京凤凰岭自然风景公园于2009年向北京市文化局申报为市级非物质文化遗产。凤凰岭公园作为项目的保护单位，充分发挥自己的职能作用，充分推动非物质文化遗产的发展和推广。

◎ 北京市级非物质文化遗产牌匾 ◎

　　凤凰岭公园对凤凰岭传说这一非物质文化遗产项目一直高度重视，持续对园区内传说故事进行搜集整理，不断完善故事脉络及内容，并且根据传说内容更新景区导游解说词。积极配合文化部门、文物部门对园区内文物、古迹、古树等进行保护，对其传统历史文化内涵进行发掘。

　　公园还将非物质文化遗产的保护和传承落实到公园的经营活动中。在公园每年举行的大型活动中，都会有非物质文化遗产项目的展示和表演。例如，在凤凰岭新春游园会，邀请了京津冀非物质文化遗产传承人和民间艺术表演团队，进行中幡、变脸、小车会、飞叉、抖空竹、扑

◎ 凤凰岭传说专家论证会 ◎

蝴蝶、西河大鼓、京东大鼓、五虎棍、太平鼓、天津相声等特色节目表演。为弘扬国粹文化，还特别邀请戏曲名家在庙会期间串场演绎戏曲名段。在保护和弘扬凤凰岭非物质文化遗产的同时，向社会各界传播保护理念。

凤凰岭传说与凤凰岭这片土地息息相关，更与生长在这片土地上的人们息息相关，同时与凤凰岭公园密不可分。作为非物质文化遗产的凤凰岭传说记录着人们对这片土地的热爱和对美好生活的向往，定将永久流传。

六、凤凰岭传说的保护价值

凤凰岭的传说故事以凤凰岭美丽的自然景观和浓郁的宗教氛围为背景，生动形象地展示了自然景观、人文景观、历史人物、宗教文化、神仙鬼怪等传说故事，具有很高的价值。

1. 文学价值。凤凰岭的传说具有在凤凰岭地区世代传承、活态存在的特点。凤凰岭的传说反映了劳动人民真实的感情，经过世代相传，已成为具有地方特色的民间文学遗产，具有重要的文学价值。这些传说数百年来用口头方式创作，用口头方式传承，因此它十分接近民众的生活，如"魏老爷的传说"塑造了一个家喻户晓、性格鲜明的人物形象。魏老爷与地主斗争的情节，反映了人民群众反封建、反剥削的愿望。魏老爷这一传奇人物，是凤凰岭传说中光彩夺目的文学形象，是高度概括的典型人物，深受人们的喜爱。

2. 历史价值。凤凰岭的传说始于辽金时期，传承至今。传说不仅以它特有的方式记录着京西的历史，而且对京西文化、历史的研究有重要的参考价值。

3. 凤凰岭的传说具有鲜明的地方特色，在当地具有重大影响。例如，魏老爷这一故事形象，在凤凰岭周边、昌平地区、河北及廊坊一带百姓中家喻户晓，以前龙泉寺每年的魏老爷庙会，周边地区群众都会自发组织各种花会活动，每次都人山人海，热闹非凡，影响极大。

由于过去生活、生产条件的限制，这些传说故事成为百姓生活中茶

凤凰岭传说

◎ 传承人李庆山为村里的孩子们讲传说故事 ◎

余饭后的谈资，消遣闲聊时的话题，经过世代流传得以形成。由于科技的发展，人们生活环境的改变，工作节奏加快，谈论的话题变得丰富多彩，这些古老的传说故事在人们生活中逐渐淡忘，特别是信息时代的兴起，也冲淡了对这些古老传说的记忆。现在有许多世代相传的本土民间文化长期以来处于被忽视的状态，随着现代化进程的加快，更加速了它衰败的趋势。在两次统计整理凤凰岭传说过程中，已有多位代表性传承

◎ 京西小黄山 ◎

人相继去世，因此对凤凰岭传说的记录和传承工作势在必行。

另一方面，传说中的"一窝猪"、阴凉石等景点都在特殊历史时期因缺乏保护观念而遭到损毁，这些对于传说的传承都是十分不利的。

凤凰岭传说不仅以它特有的方式记录着凤凰岭的历史，而且在大力发展旅游业的今天仍能发挥重要作用。它是凤凰岭地区发展旅游的重要资源，围绕传说构建的故事能够使静态的景观景点、宗教寺庙鲜活起来，增强了游客游览时的感知性与趣味性。

第二章

凤凰岭由来的传说

游凤凰岭说"凤凰"

北京的凤凰岭离市区很近，从天安门出发，往西北走，也就是30多千米，就到凤凰岭了。要不怎么说，行近郊的路，看远郊的景，非常划算。这里景色优美，素有"京西小黄山"之称。要去凤凰岭，一听这名儿就打心眼儿里向往。您想啊，天下有的是名山峻岭，试问有谁的名字比"凤凰岭"更美的呢？凤凰是中国有名的神鸟，栖身在得天独厚的岭上，该多么称心如意？

听说当初在考虑给这岭起名时，很不容易，大家都想起个好名字，有人想到了"凤凰岭"三个字，一下子把人们想说的话，点亮了。

在中华民族的传统中，凤凰是"四灵"之一，其他三个是龙、麒麟、龟。"龙凤呈祥"是人们常说的吉祥话。"龙"代表男性，"凤"代表女性，要不怎么在女性当中，起名叫"凤"的不少。凤凰最初并非是女性的代名词，而是鸟中之王。其中雄的称为"凤"，雌的称为"凰"，也不像现在连在一起说。汉代文学家司马相如在追求卓文君时，就有一曲《凤求凰》流传千古。

凤凰形象的产生，一直是个谜。最有代表意义的一次发现是在湖南省洪江市高庙遗址出土的一只白色陶罐上，戳印有我国最古老的凤凰图案，距今已有7400年的历史。3000多年前，我们的祖先就格外崇尚凤鸟。商朝人以凤鸟为图腾，即有"玄鸟生商"之说。周朝人则将凤鸟视作民族的守护神，商周时期的青铜器上大量装饰凤鸟纹。凤凰的神瑞，首先在于它是王道仁政的象征。早在上古时期，龙、凤降临为国家兴盛、世上太平或霸业可图的吉祥之征。因此，"凤凰衔书"为帝王受命立业的瑞应。古人又以龙代表皇帝，以凤代表皇后。

皇室崇尚龙凤，民间亦把凤凰看成是吉祥的象征。在结婚的喜庆大事上，凤凰的形象都用于婚礼的被褥或妇女服饰。头上要戴"凤钗"，

非物质文化遗产丛书
Intangible Cultural Heritage Series

凤凰岭传说

脚上要穿"凤头鞋"。夫妻和谐，生活美满称为"凤凰于飞"。

古人对凤凰的描述是：它头部似麒麟，后部似花鹿，脖子如蛇细，尾如鱼尾，额如燕子般，嘴如鸡口尖利，长满五彩羽毛，翱翔于四海之外。人们说凤凰一出现，能给人带来吉祥如意天下就太平安宁了。

凤凰出入的洞穴，是高贵的所在，故"穴"被看成文采荟萃的地方。"凤毛"——如果真有的话，也是稀世之宝，它和"麟角"一起用来比喻少有的优秀人才。可以说，凡是和"凤凰"相关的，无不被认为是好的征兆。在自然界中，不一定有过"凤"这种鸟，但我们的祖先却创造出了"凤"字。这是中国文化杰出的一面。我们可以通过古老的象形字，了解一些有关"凤"的历史渊源。3000多年前，商朝人所刻写的甲骨文和金文的"凤"字，有的笔画多一点，有的笔画少一点；有的头向左，有的头向右；但这些"凤"字都是象形字，都像是有羽毛、有翅膀的鸟。秦始皇统一全国文字后，把以前的"凤"字作废，只准采用秦朝的小篆体。这个"凤"字变成了形声字。演变到隶书、楷书时，"凤"字的形象性就更看不到了。简化以后的"凤"字，连形旁"鸟"也失去了踪影。

◎ 凤凰岭景色 ◎

凤凰岭传说

远古的时候，凤的地位高于龙。出土的文物中，如楚国时期的一些壁画、帛画中，凤占主导地位，展翅飞翔的凤敢于追啄龙。在漫长的岁月中，龙成了历代帝王的标志，其他任何人不得僭越，而凤则降为附属的位置，用于皇后。到了清代慈禧太后时，她为了突出自己，便一改龙凤的地位。清东陵的慈禧太后墓宫中的壁画都是凤在上龙在下，把颠倒的位置又颠倒过来。

"千棵柳上拴牛马，万棵桑上落凤凰。"这是民间一首歌谣里面的词句，在春游凤凰岭的时候，无论是在山下的树丛间，还是爬山的过程中，不时地看到碧油油的桑树上挂满桑葚，活泼可爱，诱人欲尝。这不正是落凤凰的宝地吗？"百鸟朝凤"的乐曲，环绕在耳边；"有凤来仪"的字匾，恍然在宅院；有关凤凰岭的种种美好传说，萦绕在身边。这里的一切都是那么美好，如果您有机会游凤凰岭，我想一定会不虚此行。

搜集整理：止　敬

凤凰岭山峰由来的传说

那是很久以前的事了，当时北京周边有个地方叫幽陵。幽陵的山下，有一个诸侯国叫蓟国，因为这里生长着一种叫"蓟"的野草而得名。

那时海淀这块地方完全是一片沼泽地，交通非常不便，也种不了庄稼。最要命的是这种蓟草里面藏着一种害虫叫"洋刺子"，绿颜色，长白毛，每天夜里成群结队爬到山坡上的村庄里去危害百姓。它们先喷出一种毒液将人毒晕，然后再把浑身细细的白毛刺入人体内，用尖嘴吸人血，一旦被它们附在身上，就很难摆脱掉。蓟国的老百姓为躲避这种毒虫的侵袭，纷纷背井离乡，到处流浪。

蓟国老百姓所遭的苦难被王母娘娘知道了，她就命令百鸟之王凤凰飞往蓟国。

◎ 天高云淡凤凰岭 ◎

临行前王母娘娘要求凤凰务必在八月十五月圆之前回到昆仑山，否则就犯了天规，永远回不到昆仑山了。

凤凰来到蓟国，在沼泽地里到处捕杀害虫，连续干了几天几夜，不知不觉就到了八月十五的清晨。

"洋刺子"见到凤凰非常害怕，于是纷纷向深山里逃去。是在月亮未出现之前回到昆仑山，还是趁着害虫立足未稳都消灭完？凤凰决定向山上冲，把害虫捕杀完后再回昆仑山。

凤凰呼啦一声站在山头，左一只、右一只，害虫纷纷被它吞下肚子，正吃得高兴，太阳下山了，月亮升上了天空。月亮一上天，凤凰的金色翅膀暗淡了下来，再也飞不起来了。

蓟国的老百姓见"洋刺子"被消灭了，纷纷向凤凰烧香、磕头，感谢凤凰为他们解除了灾难。

凤凰飞不起来了，变成了一座高山，就是现在的凤凰岭。每年八月十五，人们为了感谢凤凰，都要向凤凰岭烧香磕头，感谢凤凰让人民摆脱苦难。"洋刺子"被彻底消灭光了，人们开垦土地种上庄稼，使凤凰岭山下成了非常富足的地方。

现在凤凰岭山下害虫也非常少，因为害虫都害怕凤凰。

搜集整理：**赵　书**

凤凰岭金鸡报晓的故事

凤凰岭的确是个好地方，山山有怪石，处处有青松，蓝天衬白云，泉流如琴声。不仅游人到这里流连忘返，就是神仙也常到这里云游观光。

相传很久以前，观音菩萨和太白金星做伴驾着祥云从西方而来，发现了这片幽燕大地上展翅欲飞的凤凰岭，于是按下云头，停在此处欣赏美景。

"好地方，"太白金星捋须赞叹道，"此山岭巍峨挺拔一字排开，面朝东方，昼夜沐浴日精月华，倒也是个宝山胜地，只是可惜了……"

"可惜什么？"观音菩萨问道。

太白金星道："有道是五岳归来不看山，黄山归来不看岳，这里虽然很美，然而比起黄山、五岳来就有些逊色了。人们只知到黄山、五岳看景，谁还光顾这凤凰岭啊！"

◎ 云海仙境 ◎

◎ 天梯 ◎

观音菩萨道："何不在此作法，仿造黄山的仙苑美景，成就善事。"

太白金星摇头道："工程浩大，谈何容易呀！"

观音菩萨道："仙翁此话诧异，佛法无边，我一夜之间可成美事，让它风景如画，有东岳泰山之雄伟，西岳华山之险峻，南岳衡山之壮丽，北岳恒山之清凉，中岳嵩山之幽深。黄山的飞来石、迎客松、百步云梯、瀑布垂帘，应有尽有。让这里白云缭绕，山岚弥漫，岩石缝里长青松，一行行排列于巨石之上，可谓不似黄山，胜似黄山。"

太白金星闻听此言不禁笑道："菩萨休出狂言。"

观音菩萨道："不信，我与你打赌，明晨约众仙长齐会在此，共裁输赢！"

太白金星道："好，一言为定。"就此作罢，二仙驾云回天。

当夜观音菩萨左手托着玉净瓶，右手拿着杨柳枝，莲花蒲团打坐在最高的山峰之上，招徕四方黄巾力士及十万天兵天将，用柳枝拂甘露指挥，按黄山格局仿造：一步一景象，一景一重天，巧石如生，怪石嶙峋，楼台亭阁，遍布其中，峰峦叠嶂波涛起伏，一方净土隔红尘……使此处宛若仙境。

天将四更，太白金星起得早，站在西天遥望东方，看到凤凰岭千军万马大动工的景象，不禁大吃一惊，心下暗想：如此这般，不待天亮，一座新的黄山就会突兀眼前，到时自己将受到众仙的嘲笑，这可如何是好？情急之下到凤凰岭，见一块小山石就在近前，于是用手一指，将其变成一只公鸡，掐诀念咒说声"叫"，这只公鸡便"喔喔"地叫了起来。

观音菩萨眼见大功告成，只欠祭起天都峰、莲花峰、光明顶三个擎天柱子，听到鸡叫，误以为天亮了。她长叹一声说："十万天兵天将，各归各位吧！"菩萨放话，十万天兵天将"倏"的一声升上星空。霎时间凤凰岭恢复了沉寂宁静。观音菩萨飞身高坐卷毛吼，回驾南海。

一佛一仙打赌的事情传遍了天庭，王母娘娘听说后十分感兴趣，她带领上八仙、中八仙、下八仙，要到凤凰岭看热闹、评长短、论输赢。第二天，红光普照，祥云蒸腾，仙辇华盖，天马行空，众仙齐集凤凰岭上。王母娘娘说："元始天尊，你对人间了如指掌，你看观音菩萨仿造的黄山如何？"

元始天尊说："以我看来，这里的奇峰怪石、岩缝青松、云雾流泉、瀑布垂帘皆比黄山不差，只是缺少三大主峰：天都、莲花、光明顶。观音菩萨这功可以说是只差一步了，应该七成赢三成输。"众仙皆道："此论公允，我等无不赞同。"太白金星也心悦诚服，深感造就如此美丽山岭，可算得上天下奇观了。于是，王母娘娘喜道："既然缺少三大主峰，那么这座山岭就叫'小黄山'吧！"

所以说，凤凰岭的别称"小黄山"是王母娘娘给起的，说明这里美景名不虚传，而凤凰岭这个名字则是后人起的。

搜集整理：**杨正棠**

凤凰鸣声与十二音律

在远古时代黄帝与蚩尤在现在延庆张山营的阪泉打了一场大仗，黄帝胜利了，蚩尤的部下投降了黄帝。蚩尤部下的大部分人来自南方，其中一个人叫伶伦，他能把厚薄均匀的竹子做成竹管，管上钻几个洞就能吹出高低不同的声音。黄帝喜欢音乐，但认为伶伦的竹管声还形不成音律，于是命他来到军都山找一个风景优美的地方琢磨音律。

有一天，黄帝乘马从军都山往平原来，忽听到一阵刺耳的笛声从山下传来，黄帝直捂耳朵，所骑之马也惊叫不止，四蹄腾空，竟然把黄帝从马背上颠了下来。这笛声正是伶伦吹的，他见自己笛声惹了这么大的祸，忙从山边森林出来，向黄帝谢罪。黄帝并没有责怪他，只是说："树林里的鸟，叫声多么好听，为什么人吹的声音，会把马吓惊？我看你功夫还是不到家，找个好地方，再琢磨琢磨吧！"

◎ 凤凰岭春景 ◎

伶伦想：找个什么地方好呢？既然黄帝认为鸟叫的声音好听，我就去百鸟朝凤的凤凰岭吧。于是伶伦来到凤凰岭，躺在一块大石头上琢磨来琢磨去，一会儿就累了，打起瞌睡。忽然，一阵美妙的叫声将他从睡梦中唤醒，伶伦抬头一看，原来是眼前梧桐树上站着一只长颈、长腿、长尾巴的大鸟，身边几百只小鸟围着它叫着，有高有低，有长有短，声音非常好听。伶伦听着听着就听呆了，马上拿起竹笛模仿起各种鸟叫的声音来，根据鸟叫的声音，伶伦对自己的竹笛进行了改进。他又试着吹，先是马不惊了，后来鸟不飞了，直到他的笛声能加入百鸟朝凤时的合鸣时，他才满意。

能用自己的笛声参加百鸟的合鸣，伶伦非常高兴，他到轩辕台去见黄帝，用他新改进的笛子吹乐曲给黄帝听。黄帝听了表示满意，夸他有进步，但告诉他："你现在吹的只能叫'音'，不能叫'乐'；你见到了'凤'，没有见到'凰'，所以功夫还是不到家。"于是，伶伦就又回到凤凰岭，坐在原来的那块石头上。他每天用笛子模仿鸟叫，由秋到冬，又由冬到春，终于感动了山中的凤凰，在八月十五那天，双双飞到梧桐树上。在百鸟合鸣之后，凤叫六声，凰叫六声，然后连声合叫一遍。凤声昂扬激越，可作"六律"；凰声悠长柔和，可为"六吕"。伶伦将凤凰鸣叫的六个声音，加上其他鸟叫的声音，再加上自己的体会，创造出了中国音乐的12个音律。同时他创作的《百鸟朝凤》等乐曲受到黄帝的赏识，得到了推广。

按照这个传说，中国的音乐起源于对凤凰岭的凤凰叫声的模仿，那么凤凰岭便是中国音乐的故乡了。

搜集整理：**赵　书**

百鸟朝凤的传说

　　远古时代，朔方有两只大鸟，它们神通广大，活力非常。但这两只鸟有着很大的不同：一只头像麒麟，颔像燕，颈像蛇，胸像鸿，尾像鱼，是五德之鸟叫凤凰，是慈悲善良的象征，受到百鸟们的崇拜。另一只是木精所变，其形状如鹤，有红色的斑点和白喙，一足，不食五谷，是讹火之鸟，叫毕方，是邪恶的代表，百鸟们对其尤恐躲避不及。

◎ 雄鹰翱翔 ◎

　　在大家无忧无虑地享受着幸福生活的时候，凤凰见到天下太平，百鸟们乐不思忧，就劝大家要居安思危储备些粮食和果实备用。百鸟们认为凤凰没事找事，都不以为意。凤凰无奈，只得自己每天去采集各种粮食和果实以备不时之需。毕方为了达到在鸟界称王称霸、取代凤凰地位的目的，就使出法力，飞到天上驱散积雨云，使得天下大旱三年。由于毕方施法，连年大旱，百鸟们无食可觅，到了濒临死亡的境地。凤凰这时候就把多年储藏的粮食和果实拿了出来，帮助百鸟们度过了最艰难的日子。毕方的阴谋落空了。百鸟们感谢凤凰的救命之恩，更加尊敬它，在每年的八月十五果实丰收的时候朝拜凤凰。

有一年百鸟朝拜时，凤凰站在山头，它那五彩斑斓的羽毛，在阳光的照耀下闪闪发光，就像是披上了一层金子，与秋天山林灿烂的景象交织成一幅天然绝妙、和谐美丽的画卷。凤凰一会儿引吭高歌，一会儿翩翩起舞，受到百鸟们的赞扬。毕方站在悬崖上，瞧着百鸟们欢聚的场面，心中生出恶意，于是抖动翅膀施法。正在凤凰与百鸟欢歌畅舞时，阳光明媚的天空突然乌云密布，寒风漫卷，飘下鹅毛大雪覆盖了大地，温暖的夏季瞬间变成了寒冬。毕方就此威胁百鸟要承认它是百鸟之王，否则就让狂风不止，大雪不停。百鸟们虽都被冻得浑身发抖，挤作一团，但谁也不向毕方低头。毕方的法术太厉害了，如不立即让百鸟摆脱这寒冷的境界，百鸟们就会冻死在山上。凤凰本是慈善之鸟，不愿与毕方为鸟王之位去争高低，在这万般危急的情况下，它不顾自己的安危，毅然将它自己身上漂亮的羽毛一根根地拔下来分发给众鸟，让众鸟用来抵御严寒，同时催促众鸟们尽快逃离此地。当百鸟们都离开后，寒风越刮越猛，雪越下越大，凤凰因救助众鸟筋疲力尽，身上的羽毛也已所剩无几，终因不能飞翔，又无力抵御风雪的侵袭，被活活地冻死在山顶。

从此，百鸟为了缅怀凤凰的无私义举，就在每年八月十五齐聚凤凰岭，一起发出悲鸣，以哀悼它们的领袖，"众鸟千百，为群集会，呜呼嗝晰"，直到十六七天后百鸟方才逐渐散去。民间一直流传着凤凰的故事，凤凰表现出来舍己救众的崇高品德永远被人传颂，而毕方被当作灾难的象征，永远遭到人们的唾弃。毕方没有成为百鸟之王，最后被黄帝降服，成了神仙的坐骑，再也不能够危害大家。人们尊凤凰为百鸟之王，并把此山命名为凤凰山，以纪念凤凰的美德。这就是百鸟朝凤的故事。

讲 述 人：**赵　书**

搜集整理：**孙　凯**

六

驻跸山与逍遥营的故事

金朝迁都北京后的第二个皇帝名叫完颜璟，也就是历史上以风流儒雅著称的金章宗。金章宗从他叔父海陵王手中夺过了王位以后，实行了与汉融合学习汉文化的政策，使得中国北方社会空前安定与繁荣。他不仅在北京西山建立了"西山八院"为皇帝的避暑胜地，著名的"燕京八景"也是在他的命名下而诞生的。

金章宗继位后第五年的春天，突然心血来潮，他久闻昌平阳坊这个靠山镇风景秀丽，就从中都北门出发往昌平方向浩荡而来。时值春天，到阳坊镇以后，正是春荒之际，又遇上春旱，来此赶集经营的人并不多，上市的山货没有几家卖。看得皇帝非常扫兴，吩咐文臣武将回宫。在回宫的路上，突然发现离阳坊五千米远的西山景色异常，奇峰怪石随处可见，更有山中流泉叮咚作响，漫山遍野的杏花红的娇艳白的似雪。皇帝看后非常高兴，即刻命大队人马直奔山上而去。

◎ 雪中金刚石塔 ◎

皇帝一行爬上山的最高处，再望京城，虽然有七八十里远，因为居高临下，仿佛就在眼前，金章宗顿觉有种亲切感，立刻命人在山环处扎营。大队人马就在西山住了下来。第二天一早，皇帝起来梳洗完毕在山间小道上漫步，恰巧遇上了一个砍柴的樵夫，问起此山的名字，樵夫支支吾吾也说不出个所以然来。旁边一个随行的秉笔太监聪明伶俐，见皇帝一时下不了台，就上前奏道："万岁，咱们君臣在此住了一夜，就叫它驻跸山吧！"章宗闻言大喜，吩咐太监伺候笔墨，题笔写下"驻跸山"三个大字。从此，西山的凤凰岭一带有了新名字"驻跸山"。

　　皇帝一行在西山住下以后，免不了每日在山中四处游乐。一天，他们来到了现在车耳营一带，在黄普院的山洼里，发现这里背靠大山，三面环峰，还有一股清泉从石缝中涌出，真是上天赐给的神仙宝地，当即决定把此处作为"西山八院"之一，命名"黄普院"，又名"圣水院"，并传旨拨出银两，在此大兴土木，修建行宫。

　　皇帝在凤凰岭一连住了七日，终于决定回宫了。他还是想走来时的老路，便命令下山后往东北方向沿着居庸关进京。中午时分，皇帝一行走进了山下的一个小村子。此时已是暮春时节，天气日渐炎热，君臣一行就想在此休息用餐。村中老少一见皇帝驾到，哪敢慢待，杀猪宰羊尽心竭力讨皇帝高兴。

　　皇帝用膳后非常高兴，找来村中里正得知该村叫"西小营"。章宗皇帝觉得此名字辜负了它的好山好水好风景，立刻命太监拿来笔墨写下了三个大字"逍遥营"。村人一见大喜过望，赶忙三拜九叩谢皇上恩典。从此，西小营的另一个名字"逍遥营"就诞生了。

搜集整理：**崔墨卿**

凤
凰
岭
传
说

驻跸山金章宗的传说

凤凰岭是民国时人们才开始叫这个名字，古时这里叫驻跸山。这是800多年前金代章宗皇帝给起的，说起来还有个挺有意思的传说呢。

那年春天，章宗皇帝在城里待得无聊，就带着几个侍卫骑着马从宫中朝西山飞奔而来，40多里路一会儿就到了。

来到西山，只见这里群山耸立、巍然挺拔，章宗皇上非常高兴，于是叫人取了文房四宝，挥笔题写了"驻跸"两字。这样，人们便开始叫这里驻跸山。

章宗题完了字兴致不减，他又登上了一个高高的台子，登高远眺。只见轻盈的白云在山峰间飘动着，远山深处传来虎狼的叫声，此时他不禁心血来潮，又题写了"栖云啸台"四个大字。

众人齐声说："圣上写得好！"章宗听后十分得意。

正在此时，侍卫跑来报告说，当地的酋长们求见。

章宗说："快请吧。"侍卫们就把几位当地的酋长带上来了。

酋长们说："皇上临幸敝山，我们不胜荣幸，今天正巧我们打猎，请圣上尝尝鲜吧。"说着就把他们打的鹿和狍子给皇上献上来了。

皇上挺高兴，就说："好啊，你们这西山还有什么好玩的啊？"

几位酋长说："我们这儿还有一种叫踢球的游戏，不知您玩过没有？"

皇上说："没有，你们玩着，叫我也开开眼吧。"

几位酋长说："圣上什么没见过啊。那我们可就献丑了。请皇上随我们来。"

于是一行人就从高台上下来到了群山中一处平坦的草地上。

酋长们把皇上请到一座大帐下，请皇上落了座，他们就开始表演了。只见草地中间放着一个圆圆的用毛毯缝制的球，直径约六市寸大小。两名酋长各带领数人争夺此球，场上你追我赶，球飞球落，十分有趣……表演完毕，皇上给每人都赏了点东西。

皇上说："你们当中谁能一个人表演让我看看呀？"众人互相瞅了瞅，谁也不敢出这个风头。

皇上问一个侍卫："为什么他们不敢一个人表演呢？"侍卫说："他们怕表演不好丢脑袋。"皇上道："那就叫他们都下去吧，把球给我留下来。"众人纷纷退下，只留下了皇上一个人。

其实章宗皇帝在宫中自幼就喜欢踢那种球，而且专门请了老师，加上自己的努力，他的技艺已经达到炉火纯青的程度。只是此事不被外人所知而已。刚才他看见那些酋长和士兵在踢球，一时技痒，本想和他们比试一下，无奈无人敢上场，所以他觉得十分扫兴。此刻他见众人已经退下，决定自己踢球。

章宗皇帝先将球抛入空中，然后从地上一跃而起，将球从半空中接住；他又将球拿在手上，轻轻地抛在空中，用脑门将球顶住。任凭皇上旋转跳跃，那球像粘在他脑门上一样；皇上又将球抛起，用左脚尖一接，轻轻一挑球又落在他的右脚背之上，球在他的两脚间跳来跳去，许久都不落地……章宗皇上踢了好大一会儿，这才停了下来，叹着气说：

◎ 凤凰岭飞来石塔 ◎

凤凰岭
传说

"我的球艺多好啊，可是有谁会看到呢？"

皇上这话音刚刚落地，就听见附近的群山传来隆隆的回声，好像在说："我们都看到了……"

皇上见状大喜，叫侍卫和酋长们从当地的牧民家中拿来了许多奶酪，用它们浇灌在群峰之上当作对它们的一种封赏。所以西山的山顶上至今仍是白色的，与北京其他的山峰都不一样。

搜集整理：**严秋声**

永乐帝驻跸山选陵

话说朱元璋推翻了元朝的统治，当了皇帝，年号洪武，老百姓都称他朱洪武。他又分封几个儿子为王，到各地镇守。朱棣是他的四子，被封为燕王，镇守北平府。这朱棣在扫清元代残余势力时功勋卓著，民间有"燕王扫北"的传说。朱元璋做了31年皇帝后，在南京驾崩了。由于他长子早夭，便留下遗诏由长孙朱允炆继位，年号建文。建文帝见各藩王势力很大，把他这小皇帝不放在眼里，就采纳大臣的意见，逐渐削藩，削减地方的权力。这遭到各藩王强烈反对，其中势力最大的燕王朱棣，以"清君侧"的名义，起兵攻打南京。经过几年征战，从侄儿手中夺得了皇权，立年号永乐。站稳脚跟后，又迁都北平，并改称北京。

封建时期皇帝一登基，就要修陵墓，一直修到皇帝死了，入了葬才停止修陵。修陵要选风水宝地。永乐帝也不例外，这天他派出宫廷术士为他选择风水宝地。他们按照国师姚广孝的说法，"好山好水，选

◎ 月上凤凰岭 ◎

这伙人骑马出了西直门，一直往北走，沿着西山脚下，信马由缰，一边寻找风水宝地，一边浏览山光水色。沿路走过冷泉、温泉、北安河，这些地方虽然有山有水，但是地形不够开阔。继续往前走，来到一个地方，见山势高耸，流水潺潺，地面开阔，背风向阳。找来村民一打听，知道这座山是燕山支脉，山前的黄普院，是金章宗在西山开发的"八大水院"之一。看着这地儿挺好，于是就用罗盘左测右算，并测绘草图。村民这才得知皇上要在这里建陵墓。

这事一传开，当地村民心里暗暗叫苦，因为建陵墓大家就要拆迁腾地，要搬离这祖祖辈辈居住的老村子。可是皇家要占地谁敢阻止？那年代，"普天之下，莫非王土"。这时，当地有个姓沙的农民，却想通过自己的智慧，让皇帝打消在这儿建陵的念头。

再说宫廷术士们回宫后，画出正式图纸，呈大国师姚广孝。

姚广孝看过地图后比较满意，就奏请皇上批准。建陵墓是件大事，皇帝还想亲自去看看，这一天永乐皇帝换了便装，带了姚广孝等人，来到驻跸山下。姚广孝按照阴阳五行学说给皇帝讲了一遍。正在这时，那个姓沙的村民借口来看热闹，想向皇帝进言，卫士们不让靠近。永乐皇帝正好想问问当地民情，就随便说："我正想找老乡问点事情，让他过来吧。"

皇帝问："这老乡你姓什么？"

老乡答："姓沙！"

"杀？"皇帝心里一惊，又问，"这条河叫什么河？"

老乡答："磨刀石河！"

皇帝又是一惊，于是又问："这个村叫什么村？"

老乡答："叫车耳营。"说着还做了个扯耳朵的动作。

"什么？'扯耳拧'？"皇帝一愣，又接着问，"这村西一直到山下，这大片地方叫什么？"

那老乡随口答："叫豹窝！"

皇上眉头一皱，心想：怎么这地方的地名越听越刺耳呀！于是他不敢问下去了。

　　姚广孝一边听也一边想：皇上姓朱（猪），这里又有姓沙（杀）的村民，又有"磨刀石河"，村名又是"扯耳拧"，村西一带又叫"豹窝"。皇上本想找个万安之地，可朱姓人在这里建陵怎能安生？姚广孝这时也早看出皇帝的想法，于是姚广孝便推说这里气脉不畅，地形不佳，不适合建陵。永乐皇帝听了，立即准奏，于是君臣一行人便打道回京了。

　　后来永乐皇帝把陵址选在昌平天寿山，也就是现在的十三陵。

搜集整理：**董文森　周止敬**

九

京西小黄山的由来

话说京西一带，真是个好地方，山水园林众多，早在金代，金章宗就曾沿西山建有"八大水院"。元、明、清又相继建设，形成"三山五园"。单说这凤凰岭风景区，这里群山环抱，层峦叠翠，奇峰、怪石、林海、神泉应有尽有，"八大水院"之一的黄普院便建在这里。在凤凰岭南线关帝庙前的迎客松，枝叶繁茂，树龄已有1000多年，与黄山的迎客松还真有几分相像；北线上的飞来石，虽比黄山的飞来石略小，却也有几十吨重，而且用人力推它，还能活动；通向山顶的天梯，虽不如黄山的高，爬上去却也非常艰险。黄山有"鲫鱼背"，这里有"鲸鱼背"；黄山有"仙人晒靴"，这里有"仙人足迹"。除此之外，这里还有南天门、杏花村、神水泉、玲珑塔、藏珍洞等景观40多处。还有以龙泉寺为代表的许多古寺庙以及北魏石佛遗址等，真不愧"京西小黄山"的美称。

◎ 仙人排队 ◎

最值得一提的是，在凤凰岭的北坡，很多松树都从山缝中长出，这种情况只有在安徽黄山可以见到。为什么凤凰岭的松树能够在山缝中存活？还有一个美妙的传说故事。

那是很久以前，有个长工，东家让他上山去种树。上山之前，东家告诉他："到了山上，把树种在'有空儿'的地方。"长工背着树苗，拿上锹、镐就上山去了，还一边走，一边念叨："把树种在'有缝儿'的地方。"原来这长工把"空儿"听成了"缝儿"。到了山上，见有石头缝的地方，就往里种松树，种好后上面压点儿黄土，浇点儿水。一连种了好几天，把所有的树苗都种完了。这天东家上山来看树种得怎么样，这一看，可傻眼了，长工把树苗都种在了石头缝里，这哪儿能成活，就责备了长工一番。长工知道自己听错了，可已经种完了，就安慰东家说："您别着急，树苗肯定能成活。"谁想到这一年雨水勤，隔三岔五就下一场小雨，小苗果然棵棵长得油绿油绿的，很惹人喜爱。这个长工不是别人，正是后来坐化成神的魏老爷。

魏老爷大名叫魏公阳，据说是河北廊坊人，因逃难来到凤凰岭当长工，为附近民众做了很多好事，后来在凤凰岭上仙人洞坐化升天。百姓们都传说魏公阳成神了，因此称他魏老爷，还纷纷捐资为他在龙泉寺中修了座魏老爷殿。

民间传说总是神奇而美妙的。凤凰岭的松树能在石缝中生长与凤凰岭地区的环境优良是分不开的，这里的负氧离子含量是市区的150倍，夏季温度比市区低2℃～3℃，平均相对湿度65%，这都为松树在石缝中生长创造了有利条件。据说松树根部能分泌一种酸性物质，在适合的温湿度下，能将石头融化成粉状，因此在石缝中才能茁壮成长。

搜集整理：董文森

第 ③ 章

凤凰岭景观传说

摩崖石刻"凤凰岭"的传说

在凤凰岭诸多奇峰怪石中，有一排并列的山石，远远看去像一只凤凰栖息在山巅。山腰上雕刻着三个醒目的大字——凤凰岭。这三个大字，字高4米，宽3米，笔画石刻深度10厘米，笔道最大宽度40厘米，字体苍劲有力，浑然天成，为这里的青山绿水添光加彩。据记载，这三个大字是北京目前发现的最大摩崖石刻。传说在很久以前，此地荆棘丛生，人迹罕至，经常有野兽出没，岩石下的石匣和山洞都成了豹子的藏身之地，偶尔有胆大的山民为生活所迫进山打柴或采药，也经常是有去无回。山坡上、山洞里和草丛中，到处散落着山民的白骨。山民们谈豹色变，惶惶不可终日。此地因此也就被叫作"豹窝"。

前白虎涧村有位小伙叫张三，喜欢打猎。有一天，他酒后壮着胆子进了山。在"豹窝"的一处石匣顶端压块石板，系上猪肉。清晨，一只母豹带着两个幼崽钻进石匣中吃肉，被石板砸伤。张三趁机挥拳将母豹

◎ 摩崖石刻"凤凰岭" ◎

及幼崽打死，从此，张三铁拳打死三只豹子的故事便在民间广为流传。

传说台头村的刘某也喜欢打猎，一天中午，他在"豹窝"附近碰见一只金钱豹。情急之下他急忙端起土枪向金钱豹射去，子弹却打在岩石上，溅起一片火花。金钱豹抖了几下脑袋，向刘某扑来。刘某站在山坡上已经来不及装火药，就用枪身左击右挡。击挡中，金钱豹突然咬住枪管，双方搏斗了很长时间，刘某渐渐感到体力不支。他猛一撒手，金钱豹跌了个滚，便迅速逃走了。刘某全身大汗淋漓，捡起枪赶紧逃离此地，回家后大病一场，从此再也不敢进山。

1934年春天，当时的北平（今北京）国民党保安团司令田维村来到此地，寻找"吉壤"。他看到左边的山峰像虎，右边的河谷似龙，实乃一处龙凤呈祥的风水宝地。他急忙将山下的百余亩山坡地抢购到手，栽桩立标，准备做墓地之用。正当他得意扬扬地向村民们炫耀时，有位村民告诉他，这片山地历来被称作"豹窝"，是凶险之地。田维村听后大惊失色，如冷水浇头，后悔不迭，连忙赶回城里同岳父梁百万商量办法。梁百万沉思片刻，提笔在宣纸上书写了"凤凰岭"三个大字，并于1935年夏天花了100块银圆，请当地石匠田永胜、李进旺等人将其凿刻在岩石上。

田维村曾先后将其岳父母葬于此处，墓穴后被盗。

梁百万当年书写的"凤凰岭"三个大字，成了峭壁上的一道人文景观。

搜集整理：**姜振才**

神泉的故事

　　如今，每天都有许多人，背着大桶小瓶，专门到凤凰岭的仙泉接水。传言说这里的水能治病，使人长寿，还有鼻子有眼地说，曾经有位姓朱的老人在凤凰岭迷路12天还活了下来，就是因为喝了这里的水。

　　据说，当初凤凰岭上都没有水，当地居住的人要吃水非常困难。在观景台的南山坡住着一户人家，男的姓吕，女的姓崔，有一个独生女儿，名叫霞姑。吕某人经常在外，今年拜五岳，明年朝武当，就是很少回到凤凰岭的家里。

　　霞姑慢慢长到18岁，还没见过爸爸什么模样。经媒人介绍，霞姑嫁给了北山的李有才为妻。霞姑到了李家，侍奉公婆，尊敬丈夫，烧茶煮饭，浆洗衣裳，样样没得挑。只是在这荒山秃岭，吃水非常困难，每天早晨得走二里多路到山脚边去挑水。接一担水，硬要等上个把时辰。天不亮就起身，回来太阳老高老高的。上山爬坡，确实辛苦。但霞姑作为

◎ 神泉打水 ◎

过了门的媳妇，就是咬牙，也得去挑水。

有一天，吕某人穿一身道袍归来，从这里经过，正看见霞姑挑着一担水，艰难地爬着陡坡，很怜惜。他连忙走上前去，对霞姑说："你明天后半夜鸡叫一遍时，带锄头到你屋后山洼处挖，我给你送水来，保你今后不愁水用。"霞姑觉得这道人有些蹊跷，对他说的话半信半疑。回到家，她跟谁也没说，只想明天试试看，在睡觉前，她还一直惦念着这件事，老睡不着，等她睡着了，已经很晚了。

霞姑一觉醒来，已经是鸡叫三遍了。她一时心慌，忙中乱摸一气，在门后摸到一根长木棒，拿着就往屋后山洼跑去。好容易跑到那里，在地下乱捣一阵。突然一声巨响，仿佛山崩地裂一般，平地出现了一个大洞，接着冒出一股清泉水，哗哗哗不断往外流。吕某人站在洞旁对霞姑说："叫你鸡叫一遍时带锄头来，你却在鸡叫三遍后带着木棒来。本来水还要更大一些的，可是你不守时间，不听吩咐，就只能这么大了，这也是天意呀！"

霞姑在惊慌中，只问了一句："请问老师父是谁？"那道人答道："吕真人。"说完他就跳进洞穴不见了。从此，一股清泉，潺潺流出，几个泉眼，长年不断。霞姑赶忙跑到家，跟家人一说，家人不信，就跟着霞姑出来看水。见泉水脉脉流出，纷纷猫腰喝水。谁喝了都说好水，清澄甘美，沁人心脾。霞姑的公公说，这真是仙泉，往后我们就叫它"仙泉"吧！这股"仙泉"即便是冬天，也不结冰，而在夏天，把手指伸进泉内，三分钟都坚持不住，手指立即感到钻心透凉，有"好汉喝不下三口水"之说。

听人说，喝了"仙泉"水如果不行善事，那就不行。有个提着火枪的猎人到此喝水，见一位白胡子老头坐在泉旁青石板上休息。猎人紧走几步找老头借火吸烟，将近几步远，只见老者站起身来拍打裤子上的土，然后朝河谷深处走去。那是百丈深渊，牛羊都胆怯，老头像是走平地一般，脚步到处，花草自动分开，看得猎人大惊。他觉得这人很奇怪，顿生疑窦，习惯性地举枪搂动扳机，没响；再搂，还是没响；第三次搂动扳机时，就听"砰"的一声，枪管爆裂，猎人的手和脸满是鲜血。他蹲在泉水边擦了擦脸，再也不敢久留，匆匆下山。他只顾低头下山，走着走着，没想到又遇上了那个白胡子老头，老头对他说："吸烟吗？我有火。"猎人哪还敢正眼看老头，吓得他三步并作两步赶快下山，说什么也不再打猎了。

搜集整理：止　敬

仙泉的传说

　　仙泉位于凤凰岭上方寺十八盘岭的尽头，山顶是半圆形的，东边是悬崖，人很难爬上去，史书上叫这儿虎儿陀。仙泉的水就从地面岩石的缝隙中流出来的，水很甘甜。寒冬腊月时那泉水冒出来时还有热气，它不会结冰而且流得很远，所以人们叫它仙泉。

　　话说清朝光绪年间，有一年，这老天爷就是滴雨不下，地上的草大都干死了，就别提那庄稼了。百姓家里的牛、马、猪、羊都连饿带热死了不少。当地的乡亲们按照当时的习俗集合在一起，准备到一个叫"妙峰庵"的寺庙去求雨。

　　当大家走到半路时，忽然一条两尺多长的小白蛇横挡在山路上。正是中午日头照得最毒的时候。人群中有人说："这东西真不知好歹，

◎ 冬日岭韵 ◎

怎么横在路中间呀，打死它咱回去熬汤喝吧！"也有人反对说："那可是一条小生命啊，咱可不能伤害它。"人群中一位老者叫一位后生拿锄头在路边挖了个坑，把那快要晒死的小白蛇轻轻地放在坑中，不大会儿那小白蛇竟慢慢地活动起来，它钻入泥土中不见了踪影。大伙这才又向妙峰庵走去。不一会儿就到了妙峰庵，这庵中只有一位叫妙音的年轻尼姑，她见乡亲们来求雨，就客气地把大家迎入庵中。这妙峰庵正殿供奉的是佛祖如来，东边配殿供奉的却是龙王爷。乡亲们点着香恭敬地跪在地上齐声喊道："大慈大悲的龙王爷啊，您睁开眼吧，下点雨吧，咱们这儿已经三个月没有下雨了，牲口们都快热死了，庄稼也快旱死了。"为了表示虔诚，乡亲们不顾炎炎的烈日，跪在龙王殿前不肯起身。善良的妙音很是感动，她一边拉着乡亲们的手一边说："乡亲们都请起来吧，龙王爷知道大伙的心情，他一定会赐雨给大家的。"乡亲们听妙音这么一说，才慢慢地站起来，告别了妙音朝山下走去。

这一来一回也好几个钟头了，大伙下山时就在虎儿陀的一棵大松树下休息。正在这时候，从上方寺的山路上走下来一位老人。他头戴一顶白色方士的小帽子、身穿白色衣裤、脚蹬一双白布鞋，80多岁，飘白的胡须，颇有几分仙风道骨之气韵。老人说道："这么热的天气你们不待在家里，上山所为何事啊？"乡亲们就将几个月没下雨的情况一五一十地对老人说了。可那白衣老人却笑着对大伙说："你们求什么雨啊？那驻跸山有72个泉眼，每一眼都有水呀？"乡亲们不满地回答他："您老净瞎说，俺村那眼泉水现在都快干啦，连大伙儿喝水都不够！"可那老人却不急不恼，微微一笑道："我说这儿有水就有水，你们信不信呀？"大伙都说："我们不信。"然后便一个个都躺在地上闭目养神不再搭理他了。

白衣老人摇摇头微微一笑，不再言语。只见他悄悄地走到山脚下的一块巨石旁边，向南方合手一拜，然后口中念了句咒语，指着那块巨石轻声喝道："听着，石起——水出。"刹那间那块巨石竟然"噌"的一声掀了起来，巨石的下面，露出一个泉眼"咕叽咕叽"地向外冒出清凉的泉水。那哗哗的流水声一下子把正在休息的乡亲们惊醒了，大伙欢呼着拥向泉眼，争抢着用双手捧起泉水，尽情地喝个够。喝足了又高兴地用清凉的泉水洗脸、打闹……

那股泉水一个劲儿地冒着，清澈的泉水顺着山脚流进龟裂的田地、流进乡亲们的家中，那些幸存的牛啊羊啊猪啊都跑到泉水边畅饮。等到乡亲们反应过来，再找那个白衣老人时，早已不见了他的踪影。

乡亲们回到村子里，他们把今天求雨遇到了拦路的小白蛇和白衣老人的经过向村中一位年纪最大的老爷爷讲了，老爷爷兴奋地说："那小白蛇是龙王爷变的，那个吹牛有水又掀石头的老人正是龙王爷的化身呀。"于是从那时起，乡亲们就称那个地方为"仙泉"了。

搜集整理：**严秋声**

四

凤凰岭龙泉寺

　　说起龙泉寺的由来，就不得不提继升和尚，他在凤凰岭享有盛名。继升是河南人，俗家名叫反三，他小的时候因为家比较穷，父母没办法，只好把他送进白马寺做了和尚。他天资禀赋，聪明伶俐，所以在寺里很受各位师父的喜欢。他师父了因大师有意让他继承自己的衣钵，所以给他起法名叫继升，意思是使自己的佛法在他那里得以升华。继升也没有辜负师父对自己的一片苦心，他对佛教典籍是触类旁通，举一反三，在他十几岁时，他的佛法修炼在同门师兄弟中已是首屈一指。在他20多岁的时候就已经可以和师父并驾齐驱了。但同时他也惹起了师兄弟们的妒忌，尤其是他的大师兄继慧，他联合其他师兄弟处处与继升为难。在了因大师圆寂后，本应该是继升成为下一代的住持，但因继慧的处处刁难，继升愤而出走。

◎ 金龙古桥 ◎

　　继升出了白马寺后，心里一片茫然，他拿出自己唯一的财产——一本《金刚经》，默默祷告，然后自己随便翻一页，里面第一个字如果是关于方向的字，自己就向那儿走，正好那一页有一句说到北，于是他毅然向北边化缘边走。这天他走到北京地界天色已晚，而自己又非常饥饿。准备向当地人化缘时，看见当地老百姓家家关闭大门，心里非常奇怪，于是就敲开一家大门，问缘由。原来当地山上有一伙强盗，专门打家劫舍，当地人晚上根本不敢开门。他决定用自己的佛法来感化这伙强盗。于是他亲自上山住下，边化缘边建起自己的小屋和佛堂。一天夜里，强盗们在山下抢劫无获，便悻悻往山上走，路过继升和尚小屋，心想：这和尚日日化缘，定有些许财产。便准备破门进屋，谁知走到门前，发现门并未锁上，而是插着两支筷子，强盗们好奇，走进屋中。发现继升和尚正在厅堂之中，拿出饭菜，边走边说："出家人只有这些粗茶淡饭，莫嫌弃，莫嫌弃。"强盗们面面相觑，强盗头子甩手便走。

　　慢慢地，强盗们发现，每次继升和尚都是在门上插着筷子。一天，强盗头子来找继升和尚说："我们下山，别人都是用大铜锁把门锁得严严实实的，唯独你插着筷子，邀请我们进屋里坐一坐，我们虽不懂多少道理，侠义之心还是有的，你是和尚，做的是和佛有关的事，是行善事！"慢慢地，继升和尚用自己渊博的佛法感悟了这伙强盗。

人们打算在那座山上修建一座寺庙，继升和尚便挑选了一处自己日常打坐练功的地方，那里有一个泉眼，继升和尚经常从中取水饮用。继升和尚练功之时，常有一条赤链金蛇陪伴左右，于是他便将修建的寺庙命名为龙泉寺。

继升和尚圆寂之后，他的大徒弟圆业继承了他的衣钵。当地老百姓感激继升的恩惠，在龙泉寺的后山建了一座塔，并以继升和尚命名，为继升塔。

搜集整理：**黄弈雄**

凤凰岭传说

金龙桥

一进龙泉寺山门，便可看到一座石桥，这座石桥已经有一千多年的历史了。

这座桥是当年继升和尚修建的。那时候龙泉寺还在熬鱼沟的北面，继升和尚修建完龙泉寺后，每日下山化缘。一日外出化缘，出门时艳阳高照，谁知回来之时已是大雨滂沱，雨水像是从天空中泼洒而下。山上的洪水暴涨汇聚到熬鱼沟内，夹杂着石块、树木狂泻而下，洪水把继升和尚阻挡在南岸，无法渡河回到寺里。继升和尚心想：现在看来是无法回寺里了，我去山下找个人家借宿一宿吧！谁知刚往回走了几步，来时的路已经被水漫过，涨水之势并未消减。继升和尚这下进退两难，想涉水进寺不太可能，山下的水肯定更深，继升心里十分着急。

大约过了小半个时辰，继升能站的地方只剩一小块地了，正在这危急万分的时刻，只见一条金蛇驮着箩筐朝他游来，继升和尚见后大喜，

◎ 雪中金龙桥 ◎

◎ 古桥印象 ◎

这不就是自己平时在三圣殿后龙泉池旁修炼时，经常能看到的那一条金蛇吗？继升和尚赶忙坐进箩筐，乘着从南岸游渡到北岸，从此以后，金蛇经常在山洪暴发时驮继升和尚渡河。

继升和尚觉得总让金蛇驮着自己过河，于心不忍，便决心要在熬鱼沟上建一座桥。他不辞辛苦，云游四方，开始游说化缘。路途过程中，很多人劝继升和尚，一座木桥就够用很久了，何必花那么多钱建石桥。继升和尚总是笑着说："石桥结实，石桥结实！"终于，三年过去了，继升和尚筹集到了足够多的钱，他请了昌平最好的工匠、石匠，自己亲自挑选石材，建成了这座石桥。为了感谢经常驮自己过河的金蛇，便给这座桥起名叫金龙桥。

千百年过去了，这金龙桥不知经历了多少山洪冲击，现在仍能承载八方游客，可见当年继升和尚是多么有远见呀！

搜集整理：**黄弈雄**

龙泉寺银杏树的传说

在凤凰岭千年古刹龙泉寺中，有两棵古老的银杏树。一棵长在金龙桥北，是棵雌树；另一棵长在古刹原址大雄宝殿台阶左侧，是棵雄树。这两棵银杏树间隔不到20米，树龄距今虽千年以上，仍枝叶繁茂，生机盎然。

有趣的是，这两棵古银杏树树干均呈弯曲状，相互向对方倾斜，人们称它们为"夫妻树"。

这里有一个凄美的爱情故事。

相传在很久很久以前，凤凰岭是一个狼群出没的险恶之地，山下村庄的百姓不敢进山种田和采药，生活苦不堪言。有一天，从远方来了一位身体魁梧的小伙子，名叫大力。他目睹了这一悲惨情景，便教村

◎ 龙泉寺银杏树 ◎

里的小伙子们学射箭和武功，并带领大伙进山打狼。经过几年的殊死搏斗，终于解决了狼患。从此，人们在山上开荒种田，采集草药，生活其乐融融。

又有一天，天上的几位仙女驾云出游路过凤凰岭，有一位叫秀儿的仙女被这里的美景迷住了。于是，她在一天深夜里偷偷下凡，在山下小村里安了家，并爱上了大力这个勇敢、善良、勤劳的小伙子，在一个硕果累累的秋天与大力幸福地结为夫妻。

不幸，此事被山鬼得知，他就密告了玉皇。

玉皇大怒，下令天兵天将捉拿仙女秀儿归天，秀儿坚决不从，以死抗争。

山鬼听说玉皇爱吃银杏果，为讨好玉皇，就施展妖法将秀儿和大力点化成银杏树，栽种在龙泉寺中。

从此，他俩只能在岁月的凄风苦雨中，泪眼相望。

搜集整理：**姜振才**

龙泉寺的神柏

在凤凰岭龙泉寺前有雌雄两棵柏树，相传在光绪六年（1880年），该寺住持崇炜将这两棵粗壮挺拔的柏树卖给了沙河申昌木器厂的老板。第二天，木器厂老板派人来伐树，结果发现这两棵柏树一夜之间扭曲了木材的纹路，无法锯成原来设计好的板材。木器厂的老板认为自己触犯了神灵，便出资重修了山门殿，将这两棵柏树供奉起来。从此以后，龙泉寺前这两棵挺拔高大、苍劲有力的柏树便称为"神柏"。

此话不假，这两棵柏树的确是"神柏"，关于"神柏"的来历由来已久。相传很早以前，龙泉寺不叫这个名字，叫"仙人亭"。因为它位于妙峰山的脚下，可能得名于曾有仙人吕洞宾在此歇脚。吕洞宾曾在这里席地而坐，周围的草木便长得异常茂盛，身旁的小石子也变成一条条石凳，冬暖夏凉。后人就在吕洞宾歇脚的地方盖了一处亭子，叫"仙人亭"。后来年久失修，风吹日晒，亭子垮了，只剩下一两条残破的石凳。再后来又有好心的善人拾掇出两间屋子来，将西边的一间屋子稍稍收拾一下，在石凳上供奉了一尊观音。凤凰岭下的几个村庄里，常有百姓来此烧香礼拜，慢慢地人们都把这里叫作"观音洞"。据说"观音洞"的香火很灵验，周围的老百姓有什么病痛灾害，都要来此求神问卦。

有一次，打西边来了一位乞讨的老婆子，衣衫褴褛，头发又脏又乱，脸色蜡黄，吃力地挂着一根破竹竿，手里端着一个破碗。就在她快走到村口的时候，被脚下一个小土堆绊了一下，摔倒了。正好赶上村里的几个庄稼汉从地里忙完活回来，见是一位可怜的老人，连忙扶起来，怕她是饿得没有力气，便回家取了一碗粥来让她喝。但这老婆子将一碗粥喝下去之后，没料到是又呕又吐，嘴角直冒白沫。这倒把这几位庄稼汉吓着了，最后有人出主意说，把老婆子送到"观音洞"去，求一杯大悲水喝。于是在大伙儿的帮助下，一位姓魏的中年人蹲下身将老太婆背起来，来到了"观音洞"，将她放倒在地。就在大家跪下准备求大悲水的时候，发生了一件让人目瞪口呆的事——躺在地上的老婆子不见了，而供桌上的观音开口讲话了："你们可以将石凳下的一个聚宝盆挖出来，它在地底下已经1000年了。"

大伙儿这才明白老婆子是观音菩萨的化身。于是几个人合力挖开石凳，果然看见一个颜色深黄、差不多脸盆大小的盆，拿在手里掂掂，不重也不轻，这就是传说中的聚宝盆。

村民们听说后都聚集到"观音洞"前来了，有人提议，先试试这聚宝盆能否让今儿来的村民填饱肚子。结果是一碗白米饭放下去，总也盛不完，大家的肚子都快撑破了，这下知道了这聚宝盆真是名不虚传。接下来大家决定用这聚宝盆先为村里种植一片果树。村里年纪最长的魏老汉，选了一棵最好的杏树苗种下去了，然后挖开土把聚宝盆埋在杏树苗旁边。到了第二天清早，人们睁开眼一看，漫山遍野长满了杏树，再过了些日子，杏树都开花了，红的、白的、紫的，好看极了。人们将这好消息奔走相告，不久后，人人都知道凤凰岭下的"观音洞"挖出了一件千年宝

◎ 龙泉寺神柏 ◎

贝——聚宝盆的事了。

这事也传到了当地有名的大财主刘老爷耳朵里。这刘老爷倚仗着家里有人在朝廷做官，就仗势欺人，横行乡里。他琢磨如果自己得了这个聚宝盆的话，便会财源滚滚了。于是，他派人将这个聚宝盆抢了回来。他高兴得忘乎所以，将一根金灿灿的金条放进聚宝盆里，拿一块上好的绸缎蒙上，放进橱柜里，第二天一早，他掀开绸缎一看，只有昨天自己放的一根金条啊。这是怎么回事啊，是聚宝盆弄错了？他不死心，一下子又放进去三根，到第三天早上一看，不多不少，就是四根。他傻眼了，仿佛看见金条正挤眉弄眼嘲笑他呢，他一时怒从心起，骂起了粗口，并飞起一脚，把聚宝盆踢了出去，落到了门口的水沟里。

当初挖出聚宝盆的几个庄稼汉子更相信老天有眼了，聚宝盆是观音菩萨显灵，是来帮助穷苦老百姓的。他们几个将聚宝盆从水沟里捡了回来，供在了"观音洞"里。而更让人拍手称快的是那位财主刘老爷在飞起脚踢落聚宝盆的第三天，暴病而死。

村民们为了感谢观音菩萨，经过商议后决定在"观音洞"的原址上修建一座寺庙。于是勤劳善良的人们用聚宝盆聚风、聚水、聚砖、聚料，过不多久，一座以原先的"观音洞"、石凳为中心的三进院落就落成了，整体效果肃穆、幽静。后有人提议"观音洞"这个名称不好，于是就以凤凰岭下一眼清澈的泉水为其命名——"龙泉寺"。这股泉水不但滋养着龙泉寺的僧众，也灌溉着山脚下方圆百里的田地。

寺庙盖好以后不久，村里一位老人有一晚做了一个奇怪的梦，梦里面观音菩萨跟他说聚宝盆要落土为安。于是第二天他便带领全村老小进庙烧香礼拜，完了以后对聚宝盆说："请化两棵柏树来，守护在寺前！"顷刻之间，两棵粗壮挺拔的柏树便耸立在龙泉寺的山门前。聚宝盆呢，就埋入了这两棵柏树之下，于是便有了千百年来关于神奇柏树的种种传说。

搜集整理：萧　娟

神柏的传说

凤凰岭有个千年古刹龙泉寺，寺门前有两棵枝繁叶茂的柏树。炎热时人们都在这树下纳凉。每逢九月秋风吹过时，人们都能在树下听到一种"不、不"的奇怪声。您知道这其中的原因吗？告诉您吧，这两棵古树还有一段真实的故事呢。

◎ 神柏 ◎

清光绪年间，龙泉寺由住持崇祎负责庙里的事务。因为那年闹灾荒，来庙里进香的人少了。寺中存粮也越来越少，周围的百姓离乡背井外出讨饭。崇祎十分着急，庙中十几个僧人的吃饭问题成了他最大的难题。这天早上他一个人来到沙河巩华城内，想找几个居士朋友借些粮食以渡难关。不小的巩华城也是一片萧条的景象，几个居士朋友一个也没有找到。于是他又去了昌平，朋友倒是找到了，但谁也没有粮食，他只好失望地返回龙泉寺。

崇祎还没有走进山门，就见一位小和尚兴冲冲地迎上前来说："师父，沙河有人来找您。"崇祎问道："是哪位居士呀？"小和尚说："他说是申茂木器厂的掌柜。"崇祎忙说："快，请客人到我的禅房，沏茶伺候。"小和尚应声而去。

在禅房中，崇祎客气地对客人说："施主远道而来不知有何见教？"来人说："住持，我乃昌平区沙河人士，姓武名唯美。在下在沙河开有一家申茂木器厂和一个粮店。听说贵寺缺少粮食，我特送上大米一石。"崇祎道："武掌柜，您可信佛？"武掌柜说："我不信佛，听说寺中缺粮，我是以粮换木来了。""我寺没有木材可卖呀？"崇祎说。武掌柜道："住持大人，你们十几个和尚都快饿死了，留着门口那两棵柏树有什么用啊？"崇祎道："要不算我借你的粮食，半个月以后我如果不能还你，你就把树拉走。"武掌柜说："那好，一言为定。"说完，武掌柜就走了。

武掌柜长得尖嘴猴腮，是个奸商。他早就惦记上龙泉寺那两棵千年古柏，他听说龙泉寺缺粮，于是就想出这么个坏主意，想以粮换木。可是崇祎确实没有办法，他不能让僧人们饿死呀。寺中有了这一石大米，僧人们再挖些野菜，寺里也能支撑些日子。崇祎又外出去昌平区阳坊、海淀等地借粮，在那个年头，谁也没有粮食借他。半个月到了，武掌柜带着十几个人、赶着两辆马车就来了。住持没有办法，只好关上山门，在大雄宝殿前诵经祈祷。

武掌柜叫人拿着大锯就要锯树了，伙计们当中有位年长的说："掌柜的，先别下锯，我再看看吧。不对茬儿啊！"众人一瞧可不是嘛，原来那柏树的纹路全变了，直的变成麻花状了，锯下来也不能成材了。这下子可把武掌柜吓得够呛，他忙敲开山门对住持说："师父，算了吧，那古柏我不要了，粮食您也别还了。今天我触犯了神灵，请您转告佛祖，为了赎罪我愿将贵寺的山门殿也修好。"后来，人们就把那两棵古柏叫作神柏了。

搜集整理：**严秋声**

黄普院的金蜡签

　　黄普院位于凤凰岭公园南线景区核桃谷上边的山坳处。它在车耳营村的西北方向，距村子有三里多，史书上称这里为驻跸山南麓。

　　早在800多年前的金朝年间，由于金章宗皇帝完颜璟喜欢游山玩水、骑马打猎，他在逛遍了北京西山的山山水水之后，便对这里的优美景致流连忘返。于是他便下诏，在北京西山上从北至南依次建造了"八大水院"作为行宫，供其在游玩时临时驻跸休息。黄普院乃是其中的一院，又名"圣水院"。金朝灭亡以后，黄普院于明朝正统二年（1437年）被英宗皇帝朱祁镇赐名为"妙觉禅寺"。明朝弘治十四年（1501年），因为有当朝的一位公主在此出家削发为尼，因而又改称为"明照洞瑞云庵"，民间百姓们从此也管这儿叫"皇姑院"。

　　相传民国初年，黄普院早已荒败，无人管理了。有年春天，住在黄普院下边"石门"处的黄家在山坡上耕地时，犁铧不慎被石头碰坏

◎ 清晨黄普院 ◎

了，无法继续耕地。由于春耕紧张，土地急需下种，于是黄家主人急忙下山，来到十里之外的后沙涧村铸犁铧的杨家。且说这杨家铸犁铧很有名，附近十里八村的百姓们都称他家为"犁铧杨"。黄家主人由于手头没钱，但又急需犁铧耕地，于是便向犁铧杨赊了一副犁铧先用，并说好等秋后庄稼收了再付犁铧钱。可谁知这年正赶上干旱，庄稼收成不好，秋收后黄家手中依然没钱。

这天，犁铧杨专门赶到山上，向黄家讨要犁铧钱。可黄家此时确实没钱还账。怎么办呢？黄家主人想来想去，无意中看到了院子里扔着的两个大蜡签，眼睛一亮，随即用脚踢了踢说："我说杨师傅，大老远的叫您跑来一趟真不好意思。但我手中真是没钱，您看这样吧，您把这两个蜡签拿回去。这两个大生铁疙瘩烧化后，不也能铸两副犁铧吗？我就用这俩蜡签顶账行吗？"

犁铧杨用手掂了掂这两个大蜡签，估摸每个总有十来斤重，心想：这两个大蜡签肯定能铸两三副新犁铧了，用这个顶账也不吃亏。于是他便说道："好吧，看来也只能这样了！"就这样，犁铧杨把这两个大蜡签背回了家。回到家后，犁铧杨这才发现，这两个大黑蜡签上都竖着写着一行小字"远七里，近七里，金子就在七七里"。犁铧杨思来想去，怎么也琢磨不透蜡签上写的这行小字是啥意思，便随手将蜡签扔到了炼铁炉旁。

第二天一早，犁铧杨点起了炼铁炉子，拉起了风箱，不一会儿，炼铁炉中便火焰腾腾。犁铧杨此时将两个大蜡签丢进了炉中，他要将其烧化，铸成犁铧。可谁知两个蜡签在炉槽里不一会儿便冒出一阵黑烟，然后两个蜡签便由黑变黄，并闪闪发光。犁铧杨见此一愣，他炼了一辈子生铁，也从未见过今天这情景啊。正纳闷间，这两个金光闪闪的蜡签逐渐变了形，并慢慢地化成了一槽子黄澄澄、金灿灿的液体。

犁铧杨见状大惊。心里说：不对呀！这生铁需要1200度才能烧化呀，可眼前这两个蜡签怎么不到1100度就化成水了呢？再说这生铁化成水后也不是黄颜色呀！真是怪了！

犁铧杨一边想着，一边顺手将炉中烧化的黄水倒入旁边的几个模型

凤
凰
岭
传
说

里。到了下午，模型里的黄水凉了后都结成了黄砣块。犁铧杨拿起一个黄砣块打磨后擦了擦，拿到太阳底下一看，顿时，这个黄砣块便金光四射，异常耀眼。

此时此刻，犁铧杨猛然想起：这黄砣块会不会是金子呢？对，听说金子的熔点比生铁低多了。而且，那两个蜡签上不也明明写着"远七里，近七里，金子就在七七里"吗？看来这两个蜡签是金子浇铸的，浇铸好后，又在外面刷了七层黑漆。这就叫作"金子就在七七（漆）里！"对！肯定是这么回事！想到这儿，犁铧杨欣喜若狂，急忙悄悄地将这几个黄砣块收藏起来。

过了几天，犁铧杨将这几个黄砣块装入皮箱，来到城里的金店。金店老板看了黄砣块后，当即断定这是上等的纯金，马上高价给予收购。犁铧杨转眼之间便发了大财！回家后，他是又买房子又置地，随即成了当地有名的大财主。

一晃百八十年就过去了。如今在凤凰岭地区，只要人们一提起黄普院，便都会想起蜡签上的那句"远七里，近七里，金子就在七七里"。

搜集整理：**李进明**

黄普院改名皇姑院

　　现在凤凰岭景区内车耳营村村西的黄普院，在明朝中期曾一度改名为皇姑院，为什么改名呢？这要从明孝宗朱祐樘说起。

　　明孝宗朱祐樘在晚年生了一个女儿，赐名太康公主。太康公主生得如花似玉，聪明伶俐，深得皇帝宠爱。但是公主自幼身体弱，三岁才刚会走路，虽有宫女乳娘们百般呵护，还是小病不断大病连绵，把皇帝愁得懒理国政。

　　皇宫里的秉笔太监是个略懂文墨的人，就建议到京城的道教发祥地白云观求求老神仙（老神仙是当时京城百姓对白云观主事道长的称呼）。皇帝当即命总管太监备了一份厚礼到白云观去求见老神仙。道长见是皇帝身边的人，哪敢怠慢，忙到客堂待茶。当总管太监说明来此的缘由后，道长思考了好一会儿才说："若想公主长命百岁，最好的方法是出家为尼，其方位以京城西北方为宜。"总管太监听后非常高兴，急

◎ 黄普院 ◎

忙回宫复命。

总管太监回宫后向皇帝禀报了白云观道长的话。皇帝虽然舍不得自己的爱女远离膝下，可细想公主出家总比死了强。当即差遣太监到京西北去物色寺庙，太监们访遍了西山弘教寺、大觉寺、护国寺，最后到了车耳营村的黄普院。他们一致认为这里山清水秀，风光优美，是出家人修身养性的好地方，回宫后就确定了公主的安身之地。

太康公主自出生就没离开过皇宫，突然要离开锦衣玉食的皇宫，难免恋恋不舍。但皇命难违，况且是为自己的一生着想，只好来到黄普院暂时出家为尼，她把宫中的宫女嬷嬷们一个不少地带到了西山。虽然远离了皇宫的内院，可公主的气派一点不能丢。

太康公主到了黄普院以后，每日呼吸着山中的清新空气，享受着清风明月的大自然，没一年的时间身体日渐恢复，三年以后就出落成一个大姑娘了。皇帝一见女儿病体痊愈了，就再也舍不得女儿离开自己了。于是他在后宫三千宫女中找了一个和太康公主长相相似的人，偷偷地送到了西山的黄普院，把真的公主悄悄接回了北京城。这件事做得天衣无缝，除了公主贴身嬷嬷知道，连黄普院当时的住持都不知道。

真相一直到太康公主出嫁以后，才大白于天下。因为太康公主曾经在此出家为尼，因此黄普院曾一度改名为皇姑院。

搜集整理：崔墨卿

皇姑院的传说

中国历代有许多帝王将相信佛教，明宪宗朱见深就特别信奉佛教，每每遇到棘手的政务，都必去城西的妙觉禅寺。

据说妙觉禅寺的第一任方丈原是一位皇子，因喜欢上自己的嫂嫂不能自拔，但又不敢造次，整日郁郁寡欢。直到有一日听一位老僧开示佛法，言世事无常，人生苦短，唯有放下执着，觉悟超脱，才会找到人生的真谛。这位皇子如醍醐灌顶，幡然醒悟，于是皈依了佛门，每日在妙觉禅寺静悟清修。到了50岁那年，成为妙觉禅寺的方丈，后人称其为明空大和尚。

人世间许多的悲欢离合总是轮番上演，有些甚至是惊人地相似。到了明成化十六年（1480年），明宪宗有一位仙游公主，正值妙龄，貌若天仙，且知书达理，深得宪宗喜爱，宪宗只要一出门就带着她。有一次宪宗备好车辇去郊外打猎，又把仙游公主带在身边。

来到猎场之后，宪宗皇帝被侍卫前呼后拥着打猎去了。仙游公主带着随身宫女小玉沿着一条山路信步走着。暮春时分，山里的风景很美，野花竞相开放，远处山坡上的杏花像一片片云彩，引得仙游公主不由得往丛林深处走去，小玉自然是紧随其后。时间不知不觉过去了，正当她们兴高采烈之时，天空突然响起了一阵闷雷声，紧接着哗啦哗啦的雨滴打在了树叶上。不好！下雨了，两个人慌乱之中，想往回走，但结果是越走越远，迷路了！雨下得越来越大，夹杂着阵阵冷风，把她们吹得东倒西歪，雨滴顺着脖子往下流，身上的裙衫全部湿透。小玉扯着嗓子叫人来，但声音被湮没在风雨声里，她们又惊又怕，两个人相互搀扶着，艰难地行走在山路上。

就在这时，她们听见一阵狗叫声，寻声望过去，一个身披蓑衣斗笠的男子出现在她们视线里，总算看见活人了！小玉拉着仙游公主赶紧冲那个人摆摆手，朝他身边奔去。

这个人正是英宗皇帝当政时的宫廷御前卫骑兵队队长阿康。由于宫廷指挥失误，在土木堡战役中败北，他只身逃回京城，后来因英宗皇帝的干预，与慧康公主的婚事也被搁浅了，心灰意冷，主动要求弃职归田，回到家乡。此时阿康镇静地把斗笠从头上取了下来，露出一张英俊刚毅的脸，他一看到仙游公主的装扮，便知道眼前两位小姐来自宫里，于是，便亲切问道："你们可是迷路了？今天早上皇上来此打猎，这时候可打道回朝了？"

"不会的，父王肯定在着急找我们回去，麻烦您带路，回到今儿早上我们来的山寨。"仙游公主十分着急地回答。

阿康抬头望了望天空说："那好吧，不过你们已走出近20里地了，你们跟着我走吧。"说完便拍拍身边的猎狗，轻喝一声："走！"

约莫个把时辰后，他们一行三人走到了山寨处，小玉认出那就是早晨她们下马车的地方，但这时周围是黑漆漆一片，哪里还有皇上的影子，也没有了护卫队的身影。伤心的泪水顺着仙游公主的脸颊流了下来，小玉还不死心地大喊："有人吗？仙游公主回来了！"

见此情形，阿康上前安慰道："雨来得太突然了，公主的安全为重，你们今晚就到我的住处凑合一晚吧，明天我送仙游公主回京。"

只好如此了，仙游公主经历了刚才一番情境，心里已发觉这位陌生男子绝非平常之辈，亦有心了解个究竟，便颔首致谢，由小玉搀扶着来到了阿康住的地方，一个名叫凤凰岭的山庄。由于一路上受了惊吓，这主仆二人又累又饿，进了屋子，扑在炕上便再也爬不起来，阿康端过来一壶热水，一盘烙饼，便掩上门出去了。

第二天一早，仙游公主醒来后，想起昨晚的遭遇，平时那么疼爱自己的父王到了危难时刻便只顾了自己，不禁悲从心起，两行热泪又流了下来。小玉此刻也明白公主的心思，试探地问道："公主何不趁机多在外面逗留几天，看皇上会有何行动？"

于是，接下来的几天，阿康带着仙游公主主仆二人在凤凰岭玩了好几个地方。不知不觉间仙游公主被阿康镇定自若、超然世外的气质打动，而且总觉得阿康忧郁的眼神里含藏着一个男人情深义重的品质。到了第五天，他们被宪宗派出来的侍卫撞上了，一班人马已在周围寻找她们多时，仙游公主只得结束她们"仙游"的日子，回到皇宫。

回去后，仙游公主禀告父王此次多亏阿康的鼎力帮助，要宪宗下旨恢复他的官职。宪宗多少知道女儿的心思，只得推诿要同太后商量。事情传到了慧康公主的耳朵里，虽然父王英宗皇帝已经归天，由哥哥继位当了皇帝，但她依然是皇室成员，从伦理上讲仙游公主还是她的侄女，哪有侄女跟自己抢夫婿的？太后也禁不住慧康公主的一番哭闹，下令永远不许阿康跨进朝廷半步。

仙游公主经历了此番情感波折，一下子长大了许多。她很怀念那几天随阿康像神仙一般游玩的日子，自己虽然贵为公主，但没有追求感情的自由。她想派小玉偷偷出宫，给阿康送个信物，但被宪宗抓了回来，打了20大板。后经自己反复哀求，保证下不为例，才让小玉回到自己身边。仙游公主变得郁郁寡欢，不思茶饭，人也瘦了一圈。宪宗看在眼里，疼在心里，于是便带着她来到妙觉禅寺，希望仙游公主能听闻佛法，不要为情执着。哪里想到仙游公主一听妙觉寺老和尚的开示，便痛哭失声。老和尚说仙游公主善根很好，与佛有缘。从那以后，仙游公主便要求住在妙觉禅寺，听老和尚说法，自愿"梳却三千烦恼丝，青灯黄卷绝尘缘"。宪宗本是一个虔诚的佛教徒，见仙游公主态度如此坚决，于是就答应了公主，赐银两重新修建妙觉禅寺，并改名"瑞云庵"。世人称之"皇姑院"，就是为了纪念仙游公主。

后来，瑞云庵香火日益旺盛，后人为了纪念仙游公主，在瑞云庵旁边修建金刚石塔，直至今天，仍有石塔留存，留给后人无限的遐想。

搜集整理：萧 娟

石佛寺与石佛的传说

凤凰岭车耳营村村西有一座闻名京城的北魏太和造像，它是北京地区最古老的石佛造像，距今已有1500多年了。人们为供奉这座石佛，还建造了一座石佛寺。这造像是为谁建造的呢？说起来话就长了。

1500多年前，中国正处于南北朝大分裂的特殊时期，当时的北京地区是在北魏拓跋氏的统治之下。北魏文成帝晏驾后，由其子12岁的献文帝即位，当时的朝廷大权落在了其母冯太后的手中。小皇帝拓跋弘逐渐长大，觉得母后对自己束缚太大，母子间摩擦不断。冯太后靠着手中的权力废掉了献文帝，转而扶持九岁的皇长孙当上了皇帝，他就是拓跋元宏孝文帝。孝文帝在太皇太后的扶持下统一了中国北方大部分地区，使北魏政权出现了短暂的中兴局面。北魏太和十四年（490年），冯太后因病去世，孝文帝为感激祖母的养育与教诲之恩，特在北京西山阳台山下车耳营村村西为其祖母冯太后造了这座造像。

◎ 石佛寺 ◎

非物质文化遗产丛书

Intangible Cultural Heritage Series

凤凰岭传说

　　造像初为山窟，后经人移出修了石佛寺一座，专供北魏太后造像，这座寺庙毁于1900年。1900年八国联军攻陷了北京城。慈禧太后带着光绪皇帝逃到西安，北京城处在八国联军的统治之下。八国联军统帅瓦德西不知从哪里打听到了西山有一座千年石佛，是世上的奇珍异宝，比整个德国的历史还长，就动了抢宝的心思。这年他跋山涉水，终于来到了车耳营村。当天，他只带了两个护兵。到车耳营村后，看见了石佛，把瓦德西乐坏了，当即就让两个护兵花钱雇人往外抬石佛。车耳营的村民也不是好惹的，人们从四面八方涌来，将他们团团围住。瓦德西一看这阵势对他们不利，就从人群中偷偷溜走了。

　　瓦德西逃回京城后贼心不死，一个月后的一个细雨蒙蒙的早晨又来到了车耳营村。这次可不是三个人了，少说也有300人。他们架着重机枪吓走了车耳营村的百姓，就开始往外抬石佛。就在石佛即将移出石佛寺时，天空中忽然响起了一声炸雷，一个大火球直扑向他们，当时就有八个人被雷击死。瓦德西一见大事不妙，急忙命令撤退，临走时仍旧不死心，叫手下人放了一把大火想彻底烧毁石佛寺与石佛。

　　车耳营的村民们见敌人逃跑了，就赶过来救火。石佛寺因为是木质结构，寺庙被彻底烧毁了，石佛却被救出，完整地保存了下来。

　　后来辛亥革命成功了，清朝灭亡了，北京城里的文人雅士不断到车耳营村来参观这座千年古佛，使它的名声越来越大。那时就有人发起了一个募捐活动，重新修建了保存石佛的房屋。

　　20世纪末，河北曲阳的七个不法之徒，趁一个月黑风高之夜，雇了一辆载重卡车，摸进了车耳营村，把石佛腰断三截，装上卡车扬长而去。此惊天大案一时轰动了北京城。北京公安局刑侦队花大力气终于在河北曲阳把贼人抓获，使石佛又回到了北京。但石佛没运回车耳营村，而是被送进了北京的一家博物馆。在首都博物馆重建后，这座石佛又被送到了首都博物馆。

搜集整理：**崔墨卿**

继升塔的传说

在凤凰岭的龙泉寺后，有一座古老的灵塔，人称"继升塔"。塔基下安葬着该寺著名的住持僧继升长老的尸骨舍利。多少年来，人们只要提起它，总会引出一段古老的传说。

相传很久以前的一天，在本地一户贫苦农民的茅草屋内，传出了一阵婴儿嘹亮的啼哭声。一个新生命诞生了，从而也开始了一段神奇的故事。

孩子一出生，夫妻俩吓了一跳，为什么呢？这孩子长得太奇特了！圆脸，大耳，鹰鼻，男孩子有的特征他都有，奇就奇在别人没有的他也有。就说小小的身子吧，长得像竹子似的明显有竹节的印痕。哎呀！别是个怪胎，夫妻二人忧心忡忡，连忙合掌祷告上苍保佑。而接下来却什么事也没有发生，孩子平安地成长着，又聪明，又伶俐，一直长到13岁。在这几年中，丈夫不止一次问妻子："你吃了什么，会使孩子长成那样？"妻子开始支支吾吾，后来架不住丈夫反复追问，只好实话实说了。原来，在她刚怀孕期间，出去割猪草，在一个小山沟里，竟发现一小片竹林。惊喜之余，过去一看还有刚冒尖的竹笋。当时是又饿又渴，顾不上那么多了，于是便挖出几个竹笋充饥。丈夫听了觉得十分奇怪。心想：这事怪了！咱们这地方并不长竹子呀，这竹子是从哪来的呢？于是他忙问："这片竹林在哪儿？带我过去看看。"

妻子便带丈夫去找那片小竹林。可他们找遍了整个山洼也没找到那片小竹林的影儿，夫妻二人都蒙了，这是咋回事呢？无奈，妻子和丈夫只好心事重重地回了家，此事也就成了一个谜。

再说那孩子，当初刚生下来，就找了个学究给起名叫继升。个子真像他身上的印痕那样，竹节似的越拔越高。13岁就长成一米八的大个子。父母又喜又忧，喜的是孩子长得高大健壮，有的是力气，将来养活自己，娶妻生子，都不成问题。忧的是孩子越来越能吃，个子越长越高，长到什么时候是个头啊？正当夫妻二人一筹莫展之际，这天忽然来了个化缘的疯和尚，到家里还未见到继升本人，就要带走他。说他是苍竹大士转世投胎，如不带走，几天后便会死，还会给家里带来血光之灾。疯和尚又跳又嚷，不吃不喝，给他香火钱也不要，只是一心要带继升出家。夫妻二人害怕了，只好哭哭啼啼地让和尚把继升带走了。

继升从13岁那年开始，便在龙泉寺里学习佛学。这孩子很勤奋，吃苦耐劳，很得住持和寺内僧人的赏识。不仅如此，继升还利用出去化

◎ 星空下的继升塔 ◎

缘的机会，救苦救难，给贫苦的老百姓治病。说来也怪，几片小小的树叶，经过他的手便成了神药，几乎能治百病。他治好的病人数都数不清，还不让病人说一个谢字。百姓纷纷奔走相告，送给他一个"神医和尚"的绰号。

光阴似箭，继升也由一个小和尚成为寺内著名的长老。由于他的名气越来越大，当地贫苦百姓成群结队地拥到寺里，求医问药。他也是有求必医，从不收钱，使得民间只要提到龙泉寺，都是一片赞扬之声，寺内香火旺盛，香客源源不断。

继升长老坐化的那天，四乡八邻，人们纷纷向寺内拥来，给这位可敬的长老送行。后来，人们在龙泉寺后修建了一座灵塔，将继升长老的尸骨舍利安放塔下，以示纪念。据当地的百姓说，塔建成后，塔周围的檀香味，三年都没有散去。

搜集整理：孙成柏

金刚石塔的来历

北京西山车耳营村西北有一著名的景点黄普院，据说是800多年前金章宗的西山八院之一。在黄普院东南侧一块壁立的金刚石上，矗立着一座石塔，为什么把塔建在了一块巨石上？有几种不同的传说，故事还要从明朝讲起。

明宣德年间，有一次宣德皇帝带后妃们来驻跸山一带踏青。当他们吃饱喝足进入梦乡以后，后宫御膳房领班太监尹奉，偷偷地溜出了人群，一个人来到了车耳营一带赏景。他来到当年的黄普院时，看到寺院早已破败不堪，木胎泥塑的神像全身斑驳，整个建筑已处于风雨飘摇之中。但这里风景绝佳，奇石林立，古柏苍劲，更有一股山泉水日夜流淌，真乃是神仙们所向往的地方。尹奉想到自己年近花甲，不久将被迫出宫，他当即打定了主意，把黄普院当成了百年后的最终归宿。

回到北京城里不久，他就向皇帝禀明自己年迈体衰，不宜再在宫中久留。宣德皇帝准奏，这样尹奉就从城里来到了黄普院出家当了一名僧人，法名觉慧。尹奉在黄普院的旧址上，利用在宫中多年的积蓄大兴土

◎ 金刚石塔 ◎

木，把一座破败不堪的黄普院变得焕然一新。明正统二年（1437年），当朝皇帝明英宗朱祁镇又钦赐寺名为妙觉禅寺，尹奉便做了寺内第一任住持。自尹奉做了住持后，宫内年老退休的太监们纷纷到西山来养老，使妙觉禅寺的僧人越来越多。尹奉在76岁那年，自知来日无多，就把昔日宫内御膳房的徒弟、后来又成了妙觉禅寺住持的崔安，唤到了自己的病床前，告诉他一旦自己病故后，要把尸体埋在寺院东南角的金刚石上。因为经过他的多年观察，每当夜深人静独自诵经时，总有一黑衣大汉在床前偷听，当开门寻找时却总不见人影。他怀疑黑衣大汉是那块金刚石变化而来，如不把它镇住，寺院就会受到它的毁坏，说完老和尚尹奉就圆寂了。

尹奉死后，崔安做了妙觉禅寺的住持，法名静端。静端和尚遵照师傅的遗嘱，静观寺院东南角那块金刚石的变化，每当深夜诵经时，果然有一黑衣大汉站在窗外偷听。第二天一早他就召集寺内众人合计，并传达了觉慧禅师的临终遗嘱，众僧人一听此话有理，纷纷附和，于是就开始请工匠造塔。

造塔的日期选在佛祖释迦牟尼生日农历四月十八那天，并从前沙涧请来了有名的杨石匠和他的五个徒弟。杨石匠在此深山里特选了一块金刚石，经过三个多月的打磨定于七月十五正式立塔。立塔时全寺百余僧人一齐朗诵金刚经，静端和尚亲自站在那块巨石顶上，将师父尹奉的舍利安放妥当，并指挥石匠立起了金刚石塔。这样一来，那块成了精的巨石就再也不能动弹了。从此，这块15米高的巨石上，屹立起了一座两米五高的石塔，远远望去非常壮观。

1924年秋，国民党文人李石曾怀疑金刚石塔下藏有宝物，于是派人搭架爬上15米高的巨石，拆毁了金刚石塔，但塔内除了尹奉的舍利外别无一物，空做了一场黄粱美梦。李石曾后来怕被人取笑，又照原样仿建了一座金刚石塔，今天看到的金刚石塔就是于1925年春仿建的。

搜集整理：**崔墨卿**

灌浆石塔的传说

灌浆石塔屹立于凤凰岭西北部山顶上的一块巨石上，现名为"飞来石塔"。

提起这座石塔，民间还有一段传说。

相传在很久以前，吕洞宾在凤凰岭吕祖洞中修炼。有一天清晨，天还未大亮，他便走出石洞，来到山顶上，准备坐禅修功。像往常一样，他盘腿坐在一块山石上，面朝东方，放眼远眺，吞吐朝霞之气。忽然，他感到有些不对劲，咦？怎么不远处山头上那块昂然屹立的白色巨石不翼而飞了！这块自开天辟地就一直屹立在这儿的大石头，跑到哪里去了呢？正在惊疑之际，猛然间，他感到身后刮来一股冷风，于是急忙转身观望，不觉一愣——原来在他身后的半空中，一位美人正脚踏云彩，飘飘然而来。转眼间，那美人便降下云头，落在原来巨石矗立的位置。不一会儿，便化成了那块高大无比的巨石……

吕洞宾见状大惊，心想：难道这块与天地齐寿的巨石，吸纳了日月星辰之精华后，竟然也成了精？它化成美人后到哪里去了呢？会不会到处惹是生非、伤人害命呢？想到这儿，吕洞宾心里越发不安起来。

此时，一轮朝阳从东方冉冉升起，天光大亮，紫气东来，霞光万道，凤凰岭上百鸟啼鸣。吕洞宾已无心练功，闷闷不乐地回到山洞里。

这天夜幕降临后，吕洞宾又来到北山顶上。他在距那块巨石不远处隐蔽起来，想要暗中观察这个石头精夜间飞到什么地方去，在干些什么。

时近半夜，万籁俱寂。吕洞宾躲在暗处紧盯着那块巨石。忽然，巨石顶上闪出一道白光，紧跟着那块巨石便摇摇晃晃、飘飘忽忽地升入空中。在空中，巨石摇身一变，又化成一名婀娜多姿的美人，脚踏云头，向西南方向飞去……

◎ 飞来石塔晨曦 ◎

躲在暗处的吕洞宾见状，也急忙隐去真身，跃上空中，驾云紧追而去。

行不多远，吕洞宾见那美人降下云头，落入一座寺院中。吕洞宾对这座寺院太熟悉了，因为这正是北京西山凤凰岭上的巨刹——上方寺。他与上方寺的老方丈是多年的老朋友了，俩人经常在一起品茶对弈，谈经说道。此时的寺院中，灯火通明。正殿里，香烟袅袅，众僧打坐，木鱼、钟磬之声传出很远很远。

吕洞宾见那美女进入了寺院，于是也紧随其后。正殿中老方丈正为他的数百弟子讲解《大磐若经》。那巨石化作的美人，此时正躲在殿后的窗下虔诚地听讲经法……

吕洞宾见状，那颗悬着的心，顿时放松了下来。不禁暗道："这成了精的石头难道也想学经修佛？"

第二天上午，吕洞宾来到上方寺，把石头精化成美人来寺里听经之事，告知老方丈。老方丈听后大惊。心想：怪不得这几日夜间众徒儿听经时，总是昏昏沉沉，打不起精神来，原来有石头精作祟。想到这儿，虚空长老忙向吕洞宾讨教除掉这个石头精的仙法。

吕洞宾手捋长须，思忖再三后沉吟道："这个石头精三番五次来寺院偷听佛经，看来它本心向善，并无恶念。现在就将其除之，大可不必！"

老方丈着急地说："有老仙友你在此保驾，老僧自不担心。但倘若你哪天云游去了，或奉诏上了天庭，如果这石头精再来寺院作祟的话，那让老僧如何是好呀！"

吕洞宾想了想，说道："我看这样吧，为了防止日后这个石头精再出来作祟，你就先赠送它一卷《大磐若经》，让它在石头里边读经卷吧。然后再在那块巨石顶上建一座宝塔，将其镇住，以后它就再也出不来了。不知此法如何？"

"如此甚好！如此甚好！"老方丈忙不迭地答道。

"那好，事不宜迟，你快些安排去吧！"吕洞宾说完便拂袖而去。

就在这天的正午时分，老方丈在那块巨石旁设坛打坐，高声诵念《大磐若经》，诵经完毕，命人将经卷牢牢压在巨石顶部。这时，等待一旁的瓦工石匠们一拥而上，将经卷压在塔基下，并神速地建起宝塔一座。由于此塔的塔心里浇灌的白灰浆是用糯米汁熬成的，因此，人们便称这座宝塔为"灌浆石塔"。

从此以后，"灌浆石塔"便牢牢地矗立在这块巨石之上。而那巨石精呢，由于有了这座宝塔的镇压，它就再也动不了啦！

搜集整理：**李进明**

桃源观的由来

桃源观原来叫妙峰庵，也叫旮旯庵，明朝嘉靖年间就有了。后来有一位医术精湛的道长刘明瑞，住持妙峰庵，并将其改名为"桃源观"。桃源观里有一块石碑，上面有"千峰祖庭"四个大字，这名称可是大有来头。

话说当时在昌平，有一个小孩，家里贫穷，只上过三年私塾，身体还不怎么好。有一天，突然患上了便血病，祖母带着他多方求医，都没有治好。后来听说凤凰岭上有位道长医术精湛，祖母便带着孙子来求医。这位道长便是桃源观的祖师爷刘明瑞。

刘明瑞道长见到这个虚弱的孩子，心生怜悯，对他祖母说："这孩子病得不轻，得放在我道观里好生调养。"祖母也没有办法，只能不舍地将这孩子留下。刘明瑞平日里对这孩子调养照料，见这孩子能识点

◎ 桃源观 ◎

字，闲暇之余教他读些书，也教他些养生之道。

不久后，孩子的病就痊愈了。孩子感谢刘明瑞道长的救命之恩，也深感道家养生文化的博大精深。一天，刘明瑞道长将孩子叫到身边，说："你这病也好了，快回去帮家里干活吧！"谁知孩子"扑通"一声跪下，说："道长，您就收我为徒吧。"道长并未言语，而是进屋锁上了门。孩子没走，还是在道观里，天天干活。半年之后，道长见这孩子有股子韧劲，不会知难而退，便将这孩子收下为徒。

你知道这孩子是谁吗？他就是后来的千峰老人赵避尘，他得到了刘明瑞道长南无派丹法真传。之后他走遍大江南北，寻求道法，学习医术。清末民初，社会动荡，战乱不断，灾害频繁，邪教猖獗，百病滋生，民不聊生。千峰老人深感痛心，他将自己的道法和医术毫无保留地用白话的形式广为传播，让民众学习到强身健体、养生治病的法门，他先后收弟子两千余人，盛况为全真教祖王重阳后所没有。

千峰老人一生品质高尚，为人师表、真心爱国。抗日战争最为艰苦的时候，日军一位高级将领妄图逼迫他传授中华养生绝学，遭到他严词拒绝，桃源观也遭日军焚毁殆尽。桃源观正是因刘明瑞道长和千峰老人师徒二人才得以名扬天下，桃源观也是千峰派的创始地，所以叫"千峰祖庭"。

搜集整理：**黄弈雄**

女娲与飞来石

　　传说天地之间最初不是分开的，是像一个完整的大鸡蛋。不知道多少年后，大鸡蛋里孕育出一个叫盘古的巨人。终于有一天，盘古破壳而出，他站直了身子，把天撑高了；他跺了跺脚，地被踩实了。盘古死后，地上出现了两条硕大无比的蛇，一个叫伏羲，另一个是伏羲的妹妹，叫女娲。女娲看到世界这么大，觉得很寂寞。有一天，女娲用泥巴捏了个小人，没想到放到地上后小人竟然活了。女娲很高兴，就不停地捏啊捏啊，想造出更多的人来。

　　这天女娲突然发现西北部的天变黑了。仔细瞧，原来那边缺了一大块，成了一片黑洞，摇摇欲坠。江河湖海的水翻腾到陆地上，到处一片汪洋。草木着火很快连成一片火海。弱小的人吓得到处跑，却无处躲避。

◎ 飞来石塔 ◎

女娲看到自己一手创造的人类遭到了如此的灾难，又心疼又着急。她想，要想救大家，就得把天补好。用什么补天呢？女娲在晋东南的"补天台"上，架火烧起石头来。用了七七四十九天，把一百座石头山烧化了，炼成了浓浆。又用了九九八十一天，炼好了五彩石，女娲就用这浓浆和五彩石把天补齐了。重新出现了天朗气清的景象。

　　可是，在女娲炼石补天过程中，遗漏了一块石头没炼成浆。这块石头，经风吹雷震，风餐露宿，吸收日月精华，竟然像插上了翅膀，一跃而起。它由青埂峰跃起，沿着孤门石寨向西北飞到神山脊处。看到那里景色绝佳，山峰相连，巨石相拥，便想作为自己安身之处。它不满乱石横躺，要重新布局，竟然命令三山五岳所有的石头滚动。刹那间，飞沙走石，乌云滚滚，树草狂倒，尘土飞扬，足足折腾了大半年，才清风气和，山峰安定。

　　当女娲发现缺了一块石头，已为时较晚。那块捣乱的石头，已落在了凤凰岭的一个山头上，自称"飞来石"。女娲想给它个教训，让它不再作乱，于是暗念咒语，瞬间有一条飞剑直刺那块石头的脊背。"飞来石"立马感到一阵疼痛，终究落下了痕迹。如今，当你来到飞来石的身旁，会看到石身上的龙尾纹，成了一个"U"形，那就是女娲对它的惩戒。

搜集整理：止　敬

灌浆石上的夜明珠

凤凰岭妙峰庵山脊之上，有块巨石，俗称"灌浆石"。说到这块灌浆石，还有个故事呢。

大约在清朝光绪年间，上方寺老方丈见神山脊上有块雪白的巨石矗立在那里，内心有些不安。时隔不久，他在法坛上正给众僧讲经的时候，见众僧都酣睡起来，这是从来没有的事。老方丈一问大伙怎么会这个样子？众僧几乎异口同声地说，就觉得那块巨石在晃悠。老方丈决定在此石上建座玉石塔，好镇住它，于是多方化缘，筹集善款。安装塔时，山上风大，怕被大风刮倒，一位高人出了个主意，熬糯米粥加进白灰浆进行浇灌，一层稳定再来一层，于是后人叫它灌浆石了。

传说当初这座塔顶上有颗夜明珠，一到天黑如漆，就见它放光。这颗夜明珠是怎么来的呢？

当地村民讲，从前，在一个小山庄里，住着两位老人，以采药为

◎ 雪中凤凰岭 ◎

◎ 飞来石塔早春 ◎

生。有一天，老头上山采药，看到一只被狼咬伤的小白兔。于是，老头把白兔装进药篓，背回家中，和老伴一起给它洗伤、敷药，并精心喂养。一个月后，白兔终于好了，而且长大了。

白兔临走时，对两位老人说："我就要走了，你们对我这么好，我怎么报答呢？"说着流下了一滴眼泪。这滴眼泪变成了一颗亮晶晶的珠子，白兔捧着这颗珠子说："收下吧，这是一颗夜明珠，有了它，你们夜里就不用点灯了。"

一个穷乡僻壤的地方，有人家里有了夜明珠的事，就像长了翅膀，很快传到所有附近的村庄，不久便传到了县衙门。县太爷派人来说出银子买，老太太说什么也不卖，当差的根本不讲理，他们动手抢了去。急得老太太晕倒在地。老头采药回来，不知道发生了什么事，赶快抢救老太太，老太太缓过来后，把发生的事，告诉了老头。老头气得要去找县太爷拼命。老太太说："咱们惹不起当官的，你就是去了，也是白搭一条命。"老两口愁得三天没吃没喝。

老头家养着一条小狗和一只小猫，见主人三天没吃饭，它们自然也饿了三天。小狗对小猫说："光这么耗着不是事，咱们替主人去找夜明珠吧。"它俩趟过了小河，又走了一段路，到了县太爷的住处，但见

凤凰岭传说

门锁着，窗户也关得严严的，只有墙角的地方有一个小窟窿。小狗用鼻子嗅了嗅，对小猫说："夜明珠可能就放在柜子里，我进不去，你去拿吧，我给你放哨。"

小猫从小窟窿钻进去，夜明珠果然在柜子里。可是它啃不动木头，没法取出啊！小猫眼珠一转，捉住了几只小老鼠，它对它们说："别怕！我不吃你们，只要把柜个窟窿，我就放你们！听明白没有？"老鼠一会儿就咬开了一个窟窿，小猫探进爪子，把珠子够了出来，叼在嘴里，同小狗一起往回赶路。过河时，小狗驮着小猫，到了河中心，小狗问："珠子叼结实了吗？"小猫说："叼结实了！"没想到，小猫一说话，珠子掉在河里了。到了对岸，小狗愁得想哭，小猫说："先别急，咱们再想想办法。"小猫眼珠一转，捉了一些青蛙，它说："别怕，我也不吃你们，只要把珠子捞上来就行了。"青蛙钻到河底不是事，一会儿，就找到了珠子，交给小猫。小猫又叼着上路了。

到了家，大门还关着，小猫从树上爬过了墙，把珠子放在炕上。老两口转忧为喜，乐得连声夸赞，拿出好东西给小猫吃。小猫听了夸赞，乐得喵喵叫，把好东西吃了个干净，一句也没提小狗的功劳。小狗蹲在门外生闷气，等小猫吃饱喝足出来时，和小猫在院里打闹起来。老两口重新得了夜明珠，心想若放在家里，早晚还是祸害，他们听说山上要建灌浆石塔，便想把夜明珠献出来镶进塔顶上，照亮大家，也算功德无量。至于后来夜明珠的去向，再也没人能说清。

搜集整理：止　敬

十九

"镇石塔"的传说

凤凰岭南边有一个叫车耳营的小山村。在村边不远处有一高耸陡峭的石壁，石壁上屹立着一块巨石，巨石旁边矗立着一座古老的宝塔，人称"镇石塔"。提起这座塔来，民间还有一段传说。

从前，这里住着一位老猎手。每天晚上他打猎归来，吃完饭后，便坐在屋里的土炕上吹管子消遣。日复一日，年复一年，老猎手已养成了

◎ 金刚石塔之夏 ◎

这个习惯。而且他的管声悠扬动听，在寂静的夜里能传出很远很远。乡亲们都夸他吹得好。

这天夜晚，明月当空，老猎手像往常一样盘腿坐在土炕上吹管子。屋里虽没点灯，但雪亮的月光照在窗户上，屋里仍被映得亮堂堂的。这时一个巨大的阴影一步步朝窗户走来，最后将窗户上的月光全都遮住了，屋里顿时变暗了下来。

老猎手起初还以为是空中的流云一时所遮，并没在意，还在继续吹着管子。可是好长时间过去了，那遮住窗户的黑影并不离去。老猎手不由得停住吹奏，回头朝后窗望去。后窗户上没有糊纸，通过窗户眼儿可以看到外面到处仍洒满银洁的月光。

老猎手心想：怪事呀，天空中并没有云层遮住月亮啊，可我的前窗户上怎么却突然给罩上了一片黑影？莫非窗户外面有什么东西？老猎手正在惊疑不定，突然从外面传来一种嗡嗡的声音："你怎么不吹了？我听你吹了几十年了，你吹奏的真是好听极了。今儿个我实在忍不住，便来到你窗外细听一阵，你快吹吧！"

老猎手突然听到窗外传来这种声音，虽然不免吃了一惊，但他立刻便镇静下来。这为什么呢？原来，老猎手打了一辈子的猎，什么样的豺狼虎豹、山精树鬼没见过？见多识广，自然胆子也比较大。

老猎手此时断定窗外一定是只什么精怪在作祟。于是他轻轻抓起身边的火药猎枪，随声应道："我先抽袋烟，歇会儿，等会儿再吹！"说着，老猎手便轻轻下了炕，迅速来到窗前，然后将枪管口捅破窗纸朝外伸出，说道："我抽完了，你也抽口烟吧！"只听外面答道："好吧！我也抽口！"

老猎手见时机已到，立即搂动了扳机，只听"咣"的一声，窗外一道白光闪过，那片遮挡窗户的黑影立刻便消失了。

老猎手急忙收回枪，拉开屋门冲到了院里。然而院里空空如也，什么东西也没有，只看见那道白光朝山坡上那座石壁飞去，然后便消失在那里了。

老猎手感到很纳闷，这到底是怎么回事呢？他抬头看了看天色，此时已是午夜时分。但见月挂中天，银光似水，洒遍了大地，四周寂静无声。

第二天，天亮以后，老猎手便爬上了昨夜里白光消失的那座石壁。他在石壁上仔细察看着，然而什么也没有找到。这时他无意中抬头朝石壁上屹立着的那偌大无比的巨石一望，不禁大吃一惊。原来，那块巨石正中间有一片明显刚被火药猎枪击中的痕迹！老猎手急忙低头在那巨石下寻找被猎枪击中后会散落的枪砂，一看，这些枪砂正是自己常用的那种砂！

老猎手此时已完全明白了，原来昨天夜里遮住窗户的那片黑影、用怪腔怪调说话的，以及自己用猎枪击中的就是这块大黑石头哇！

老猎手这段神奇的经历传出以后，人们议论纷纷，一致认为这块几千上万年的大石头现已成了精。为了防止它以后出来伤人害命，于是人们共同集资，在这道石壁上的巨石旁建了一座宝塔，来镇住那成了精的巨石。

而今，在车耳营村边的石壁上，那块巨石和那镇着它的宝塔依然并肩而立呢！

搜集整理：**李进明**

黑石怪与白石怪的传说

在凤凰岭黄普院的东南角，屹立着一块高大无比的黑色巨石。在北线景区上方寺北面偏东的山顶上，也屹立着一块同样偌大无比的白色巨石。民间相传：这两块巨石是兄妹俩。黑色巨石是兄，白色巨石为妹。它们经过成千上万年的吸收日、月、星、辰之精华，餐饮风、霜、雨、露之灵气，天长日久，便双双修炼成精。人们管黑石头精叫黑石怪，管白石头精叫白石怪。

◎ 岭上奇观 ◎

话说有一天，黑石怪和白石怪这对兄妹听说上方寺的住持老方丈要给寺中的弟子们开讲《大乘金刚经》，出于好奇，兄妹俩决定去寺院听讲经文，长长见识。

这天夜晚，黑、白石怪兄妹俩摇身一变，化作两名美女潜入上方寺中。这时，上方寺中的僧人们都云集在讲经堂内，坐在地上，双手合掌，微闭双目，凝神静听住持老方丈在讲经说法。只见堂上香烟缭绕，老方丈端坐在法坛上伴随着钟磬之声，在高声诵经。黑、白石怪兄妹俩躲在堂外暗处，在静静地听老方丈诵经，不知不觉中，便被佛经的博大

◎ 凤凰岭奇石 ◎

精深紧紧吸引住了。直到天将发亮，经会散场，方才离去。

一连几天，黑、白石怪都到上方寺偷偷听讲经文。

且说上方寺的老方丈，自打黑、白石怪第一夜来寺院偷听讲经，便被他发现了。当那夜，黑、白石怪刚刚进入寺院时，一股阴风便随之而来，直吹讲坛。老方丈心里一惊，便知道有精怪入寺。但他却不露声色，一边继续讲经，一边微睁法眼向殿堂四周搜寻。果然不出所料，化成人形躲在殿外暗处听经的黑、白石怪便进入老方丈的眼帘。老方丈此时镇定自若，对黑、白石怪装作没看见，继续为弟子们讲授佛经。一连几天，老方丈都发现这对精怪来寺听经。

老方丈心里寻思：这俩东西是哪路精怪呀？它们是从哪里来的呢？它们为啥来听《大乘金刚经》呢？这佛经它们听得懂吗？

这天傍晚，老方丈准备好两个红线球、两根缝衣大针，又写了两道镇符。然后悄悄叫来两个贴身的小和尚，命他俩在夜间经会上的半夜子时，悄悄从寺后摸到讲经堂外，只要发现两名美女现出身影，就偷偷从她们背后摸上去，将两根穿上红线的大针连同两道镇符一起，分别别在两名美女的后衣襟上。两个小和尚领命而去。

这天的半夜子时，老方丈在开讲《大乘金刚经》的最后一讲。讲到精彩处，不光堂下的听讲僧人，就连堂外窗根下偷听讲经的两个石怪也顿时如醉如痴起来。老方丈见时机已到，立马念动真言咒语，作起法来。此时躲在窗外隐身听经的两个石怪，立时就现出美女的身影来。躲在堂后的两个小和尚此时按照师父的吩咐，立即悄悄绕到堂前，轻手轻脚地来到两个美女身后，悄无声息地就给她俩各别上了一根大针和一条镇符。

老方丈见小和尚已经退去，于是便停止作法，宣布经会散场。在众僧起身的纷乱当口，两个石怪也悄悄离开寺院，各自飞升而去。

第二天，天亮后，老方丈便命两个小和尚顺着红线球去跟踪追击这两个精怪，看它们到底隐藏在何处。日上三竿，两个小和尚便分别跑回寺院，向老方丈报告说："向北的那根红线直通寺北面对过山梁上的那块大白石头。""向南的那根红线通向寺南山沟那边山坳的黄普院中，也是一块大黑石头。"

老方丈听了心中一颤：啊！原来，来寺院听经的两个精怪竟然是两块修炼成精的大石头呀！为了证实两个小和尚说的话是否准确，老方丈亲率众僧分别来到两处察看虚实，一看果然如此。不光两根红线通到两块巨石里边，就连老方丈亲笔书写的两道镇符，还端端正正地分别贴在两块巨石的后背上呢！

为了防止位于上方寺一北一南的这两块成了精的巨石今后再出来惹是生非，老方丈把心一横，立命瓦、石匠人在这两块巨石顶部各建一座宝塔，以此镇压住这两块成了精的黑、白巨石！

位于上方寺北边往东山顶上那块白色巨石顶部建的宝塔，人们管它叫"灌浆石塔"。位于上方寺南边黄普院东南角那块黑色巨石顶部建的宝塔，人们称它为"金刚石塔"。

一晃多少年过去了。而今这两座镇石宝塔还依然屹立在这两块巨石的顶端哪！

搜集整理：**李进明**

"棋盘石"与"阴凉石"

在凤凰岭公园中线景区最北边的山顶上有一块大平板石。因它上面刻着一副象棋盘，所以就得名叫"棋盘石"。在棋盘石旁边，从前立着一块大石头。每当正午时分，它能挡住太阳的光线，给棋盘石遮阴凉，所以人们就叫它"阴凉石"。

传说在很久以前，这里还没有阴凉石，只有一大块平板石。有一天，此处来了两位老头，看上去很像是云游四方的道人。他们见到这块大平板石格外光洁，便坐在上面歇歇脚。其中一个道："老兄，你我如此干坐着，何不趁此机会杀两盘？"另一个道："正合我意！"说着伸出手来用食指在石板上轻轻地画了几下，一副象棋盘便出现在石板上，工工整整，如同石匠用凿子刻的一般。另一个便伸手从袍袖中取出棋子来，摆在了棋盘上。于是两个老头便聚精会神地对弈起来。没承想，从上午战到中午，又从中午杀到晚上，一盘棋还是不分胜负。

◎ 雪中阴凉亭 ◎

凤凰岭传说

第二天，天刚蒙蒙亮，一个小伙子，上山来打柴。他老远就看到平板石前有两个老头在下棋，因他也是个棋迷，便悄悄走上前，立在一旁偷偷地看起棋来。这一看可使这个打柴的小伙子吃了一惊！他从来没有见过像这两位老人这样高深精湛的棋术，不知不觉便被深深地吸引住了。

两位老头仍然慢条斯理地下着棋，他们好像并没有看到眼前这个打柴的小伙子。小伙子看得入了迷，便放下背架（背架：北京西山一带，人们背柴用的工具），悄悄地坐在一旁观看起来，早把打柴的事忘到脑后去了。

一晃到了晌午，太阳高高地挂在头顶，小伙子浑身大汗淋漓。他抬头看了看太阳，又看了看两位下棋的老头，本想离去，可因他还没有看到这盘棋的结局如何又舍不得走。恰在这时，一个老头说道："嗬！好热的天啊！来块阴凉石给咱们凉快凉快！"说着，只见他伸手从地上捏起一小块长条石头立在旁边。转眼间，这块石头变得又高又大，恰好把强烈的阳光挡住，给周围遮满了荫凉。顿时，凉风习习，暑热全消。小伙子在一旁见此情景，吃惊万分。他有点害怕，但很快又被眼前的这场紧张的棋局吸引住了。

过了一会儿，一位老头说："老兄，该吃点了吧！"说着便伸手从宽大的袍袖里端出两盘仙桃来。另一位老头也不客气，拿起便吃。二人继续边吃边下棋。

坐在一旁看棋的小伙子，此时见到两位老头吃起水果来，顿时也觉得肚中饥饿难忍。他多么想也尝一尝放在眼前盘中的桃子呀！可是他没敢伸手去拿。这时，恰好一位老头将一只桃核扔到了他的脚边，桃核上还有一大块没啃净的桃肉。小伙子看了看，见两位老头谁也没注意他，便伸手偷偷拿起脚边的桃核，放入口中吮吸了起来。嘿！真香甜！长这么大也从未吃过这么好吃的桃子呀！顿时，小伙子觉得浑身上下充满了力气。

太阳偏西了。两位老头这局对弈进入尾声。只听一位老头道："老弟，怎么样？这盘棋终归还是你输了！哈哈！"

另一位老头一拂棋盘："老兄，不要高兴得过早啊！这只不过是一场平局罢了！你忘了，前日，我们在泰山南天门上那盘，不是老兄你输了吗？"

赢了棋的老头笑了笑，说："天气不早了，我们也该赶路啦！"

两位老头起身欲走，忽然看见坐在一旁的小伙子，这才显出惊讶的神色。输了棋的老头吼道："你这个后生好大的胆子，竟敢在一旁偷看我们下棋！你是什么人？快快从实招来！"

小伙子见到两位老头发怒，不禁吓得浑身发抖，急忙下跪诚恳地说道："两位老先生请息怒，晚生家住20里外，以上山打柴养家糊口，适才见您二位老先生下棋，因晚生也是个棋迷，所以在旁观看起来。没承想触犯了二位老先生，还望饶恕！"

赢了棋的老头见小伙子吓得不轻，便笑了起来："年轻人，不要害怕，我看你也不像个歹人！天色不早了，快些回家去吧！"

提起回家，小伙子想起了打柴的事来。是啊！离家整整一天了，净顾着看别人下棋，正经事倒忘了。小伙子想到这儿，急忙起身说道："多谢二位老先生，我还要打完柴再回家去！"说着就要走开。

这时输了棋的老头伸手拦住问道："后生且慢！我且问你，你是什么时候来这儿看我们下棋的呀？"

小伙子答道："今天一早儿天刚亮我就上山来了，就一直看到这会儿！"

"啊！"——两位老头吃了一惊，他俩不禁对视了一眼。只见赢了棋的老头抬头看了看天色，然后掏出三个铜钱放在小伙子手里："这三个铜钱你拿着吧，回家的路上要是饿了，买点东西吃吧！"

小伙子望着手中的三个铜钱，刚要推辞，两位老头早已无影无踪了。

无奈，小伙子只好把铜钱收好。这时他看到太阳还没有落山，想砍一捆柴火再回家去，免得空手回家妻子又要埋怨了。可当他伸手去提放在地上的背架时，不料背架已经糟朽了，木撑子散了一地。小伙子见状大吃一惊，他再也不想砍柴了，急急忙忙飞跑下山，朝家奔去……

正是掌灯时分。小伙子进了家门，可眼前的景象又使他大吃一惊。屋里的几个人他一个也不认识！他被眼前的景象弄愣了，呆呆地站在那里，不知道该如何是好。这时，坐在炕头上的一个五六十岁满头白发的老太婆大声惊叫起来："哎呀！孩子他爸，你可回来啦！这么多年，你到哪去了呀？"说着她扑下炕来，泪流满面地一把扯住了小伙子。小伙子吃惊地睁大了眼睛，他仔细地望着老太婆的脸，啊！这不是孩子他妈吗？她怎么都这么大岁数了呢？这时，老太婆将立在旁边的一个40多岁的汉子拉了过来，对他说："孩子，这就是你爸爸！那年你爸爸上山砍柴走的时候，你还不到五岁。一晃都这么多年过去了，你爸爸可回来了！"

小伙子端详着站在自己面前的这个40多岁的汉子，猛地他想起来了：这不是我的儿子吗？可早上我上山砍柴走的时候，他还那么矮，还不到五岁，现在怎么突然这么高、这么大的岁数啦？这时老太婆又把屋里的一个30多岁的媳妇和两个十几岁的男孩子指给小伙子："这是咱们的儿媳妇，这是咱们的两个孙子！"

小伙子这时才终于明白过来了：原来自己上山打柴遇到的那两个下棋的老头是神仙啊！看了他们下了一天棋，吃了一口他们吃剩的仙桃核，竟不知不觉地过去了好几十年！怪不得那老头能随便立起一块"阴凉石"，放在地上的背架都糟朽、散架，而妻子埋怨自己出去了这么些年也不回家，现在妻子都老了、儿子都长大成人、孙子也都这般大了呢。唉！这简直跟做梦一般……

小伙子感慨万千，他把全家人聚在一起，给大家讲述了他上山打柴碰到两个老头下棋的经过。他一边讲，他那年轻的脸庞就一边变得苍老一些。等他将这段故事从头至尾讲述完毕的时候，他也变成了一个六十多岁的老人了。

从此，"棋盘石"与"阴凉石"的神奇故事，便在凤凰岭一带广为流传。而今，山顶上那块"棋盘石"还在，只可惜"阴凉石"却无影无踪了，它是在前些年被一位石工用炸药炸毁、掀到山下去了。真可惜呀……

搜集整理：**李进明**

二道沟的传说

在凤凰岭有一条东西走向、很宽很深的山沟，当地人管它叫"二道沟"。多少年来，民间都在传说，每当阴天下雨或夜深人静之时走过"二道沟"，便会听到沟底的石头缝里传出"哎哟、哎哟"的惨叫声，令人毛骨悚然。就为这，当地民间至今还流传着一段故事。

相传在清光绪年间，老佛爷为重修颐和园，急需大批的花岗岩石料。由于凤凰岭一带的山上盛产优质的花岗岩，因此，朝廷便相中了这里，决定调集石工匠人，进驻凤凰岭，开采花岗岩。

这天，朝廷的监工领着一队官兵，押解着百八十号石工，来到了二道沟。这些人在沟里搭起了一溜工棚，驻扎下来后，便紧张地开采起花岗岩来。由于重修颐和园的工程浩大，需要花岗岩的数量也多，因此监工和官兵们不敢怠慢，整日不顾石工死活，驱赶着他们拼命开采。开采成型的花岗岩石料，经过雕刻打磨后成为精美的条石和墩石，被装上马车源源不断地运往颐和园。

一天，监工在二道沟里的山坡上发现了一块足有两间房大小、起码几十吨重的巨型花岗石。这真是一块天赐的好石料呀！监工一见，顿时乐了，他急忙喝令石工们开采起这块巨石来。可是由于这块巨石屹立在山坡上，自然形成了一道高大的石壁，要想开采它无从下手。监工见石工们仰头望着这块巨石发呆，便眼珠一转，生出一计。他喝令石工们取来镐头和铁锹，让大伙儿在这块巨大的石头底部和四周开挖起来，他想把这块巨石底部及四周的泥土掏空，把这块巨石放倒，这样好让石工们站到巨石顶上进行开采。

石工们按照监工的命令，在巨石底部和四周挥动镐头和铁锹，卖力地开挖起来。他们挖呀挖，从过晌午一直挖到日头平西。看看挖得差不多了，监工让石工们用钢钎撬动石缝，只见巨石出现了微微的晃动。监

凤凰岭传说

◎ 二道沟 ◎

工又命石工们取来大绳，将巨石兜套起来，命两队石工紧紧抓住大绳的两端。只待监工一声令下，几十名石工一齐连撬带拉，便可把巨石放倒在山坡上。

　　眼看大功告成了，可谁知天有不测风云，刚才还晴天丽日，转眼间头顶上便乌云翻滚，雷声隆隆。大伙儿仰头朝西北山头望去，只见从那边正刮过来阵阵狂风。大伙儿此时完全明白了：这凤凰岭六月的天，真是小孩子的脸，说变就变，一场暴风雨就要来了！监工望着黑压压的天空，也没了脾气，于是他只好下令"收工避雨！"石工们赶紧收拾起干活的工具，离开巨石，四散奔下沟来。可谁知还没走进工棚，大雨便瓢泼而下，个个都被淋成了落汤鸡。

天黑了，暴雨还在下个不停。石工们吃了晚饭后，便都躺在工棚的地铺上，听着外面的风雨声，睡觉休息了。雨越下越大，半夜时分，滚滚的山洪顺着山顶咆哮而下，山沟里顿时洪水滚滚。突然，一声巨响从山谷里传来——原来是山坡上那块被石工们开挖得松动的巨石被暴雨一冲刷，又被从山顶上流下来的山洪一推动，便从山坡上翻滚下来，直达沟底。巨石滚落到沟底后并没有停住，它在洪水的推动下又顺沟翻滚而下，一瞬间便朝沟旁石工们居住的工棚奔去。一溜工棚在巨石的碾压下，顿时夷为平地！可怜那百十多号石工，在睡梦中就都遇难了……

第二天，天亮后，监工赶到采石工地一看，只见二道沟里洪水滚滚，奔腾咆哮。他抬头西望，只见山坡上昨天开挖的那块大巨石已无影无踪；再低头看，脚下沟旁的那排工棚也不知去向；再环顾四周，旷野里连个人影也没有了。

此时监工知道大事不好，吓得他连忙跨上马直奔京城向老佛爷复命去了……

一晃多少年过去了。而今上了年纪的老年人总会念叨说，在阴天下雨之时或夜深人静之际，二道沟里的石头缝中常常莫名其妙地发出"哎哟，哎哟"的惨叫声。那便是被巨石碾压死了的百十号石工们的冤魂在呻吟呢！

现在颐和园中那富丽堂皇的古建筑上使用的花岗岩，有许多都是来自这凤凰岭上的二道沟呢！

搜集整理：**李进明**

凤凰岭传说

熬鱼沟的传说

在凤凰岭龙泉寺向西一里多的地方，有一条南北走向的幽深大峡谷。峡谷两侧，山峰陡峭险峻，灌木葱茏茂密；高耸参天的石壁顶端，云雾缥缈缭绕，不时有苍鹰盘旋。此峡谷全长近三里，谷内林木苍翠、野花遍地、怪石嶙峋、溪流潺潺。置身其中，就仿佛进入了仙境一般。

俗话说得好："有水就有鱼。"但这话在这儿却不灵了。虽说这条峡谷中小溪奔流，但水中却无鱼。说来也怪，在这条峡谷附近的其他山沟里，凡是有溪流、水潭的地方，水中都有鱼儿在嬉戏。而唯独这条山谷的水中却没有鱼。就为这，百姓们一直称这条峡谷为"熬鱼沟"。

提起熬鱼沟来，民间还流传着一段传说。

相传在金世宗大定年间，道家大仙王重阳携徒儿马钰在凤凰岭的仙人洞中修炼。世宗皇帝早就听说王大仙会炼制金丹，人若吃了金丹会长生不老。于是，他专门从京城赶了来拜访王大仙，并送上大量的金银财宝，恳请王大仙为其炼制金丹。

◎ 熬鱼沟 ◎

◎ 高山流水 ◎

　　王大仙早已归隐山野多年，已无闲心贪恋凡间俗事。怎奈皇帝盛情恳求，在百般推辞不掉之后，只好应允下来。

　　这天，王大仙带着徒儿马钰来到这条峡谷里。因这里山势险峻，谷深林密，溪流清澈，幽静异常，正是炼制金丹的绝好地方。王大仙命徒儿马钰在小溪边支起八卦炼丹炉，然后便念动真言秘语，燃起五行真火开始炼制金丹。

　　谁知，王大仙的炼丹炉刚开炉不久，在附近桃园观中隐居修炼的老仙友刘真人来到这里，邀请王大仙一起外出云游。王大仙屈指一算，离九九八十一天金丹出炉之日还为时很长，于是欣然应允，并嘱咐徒儿马钰要精心看管好炼丹炉。

王大仙与刘真人走后，徒儿马钰每天守在炼丹炉旁，精心看管，掌握火候。就在离金丹出炉之日还差不几天时，一天夜里，狂风大作，飞沙走石，山摇地动，一棵大树被连根拔起，轰然倒地，正巧将炼丹炉子砸翻。顷刻间，炉中的真火和正在炼制中的沸腾滚滚的炼丹液一股脑儿地倾泻进旁边的小溪之中。顿时，整个小溪中的水都沸腾起来。霎时间，溪流中的鱼儿全部被熬死了……

徒儿马钰见此情景，一下子跌坐在地上，哀叹不已。

过了几天，王大仙云游回来了。当他刚一走进山谷，就看到山谷中的溪水水位明显地比他出游前要低得多，而且溪流中漂浮着许多熬熟、煮烂的死鱼，散发着阵阵刺鼻的腥臭气味。

徒儿马钰见师父归来，急忙跪倒在地，将几天前丹炉倾翻之事如实向师父禀报。王大仙听了后，手捋长须沉吟道："我若是不外出云游就好了。也罢，看来当朝的皇帝老儿没有吃这金丹的福分，这真是天意呀！徒儿起来吧，这事不怪你！"说着，他上前搀起了徒儿马钰。师徒俩随即收拾行装，离开了这条山谷，远走高飞了。

从此以后，这条山谷里的水中就再也没有鱼了。当地的百姓们因此便称这里为熬鱼沟。百姓们都说："熬鱼沟水中的鱼都被'熬'死了，别的山沟水中的鱼也不敢到熬鱼沟里来安家，因为怕被'熬'死啊！"

搜集整理：**李进明**

老北道泉水的传说

老北道是去妙峰山娘娘庙上香的香道。妙峰山的娘娘即天仙圣母碧霞元君，相传她本是黄帝手下的一个仙女。黄帝建岱岳观时，曾派七位仙女，云冠羽衣，迎接西昆真人。其中一位仙女随真人修行得道，成为碧霞元君，既司人间生男生女，又掌福禄善恶。民间称她为送子娘娘，北方许多道观中都供奉着她。可这位金顶上的娘娘，是照远不照近。所以香客多是远来之人，也因此才有了香道茶棚客栈。

去妙峰山进香的香道有四条：南道，由陈家庄开始，途经西北涧、桃园、南庄、樱桃沟、兴隆十八盘、水泉降香会、诚献白米粥会、仰山药王殿香会、乡风凌、引香亭这十个茶棚。中道，从徐各庄开始，经关帝庙、栗子台、寨儿峪、上平台、萝卜地、修道路灯会、松棚、三岔涧、回香亭、菩萨殿、喜神殿十一个茶棚。中北道，从北安河村开始，

◎ 雪山倒影 ◎

途经清福观、响塘庙、青龙山朝阳院、金仙庵、玉仙台、瓜打石、妙尔洼七个茶棚。老北道，从聂各庄开始，经车耳营、双水泉、磨镰石河、双龙岭、花儿洞、大风口、磕头岭、苇子港八个茶棚。

四条香道中，老北道的景色最为迷人，也最繁华。沿途客栈店铺林立，夜间灯火通明，似一条灯龙。老北道的泉水极为丰富，沿途所设茶棚周围都有泉水。而最为奇特的要数双水泉、磨镰石河和苇子港的泉水了，这其中还有许多传说故事。

一、双水泉的传说

从车耳营往上走，不远处就是双水泉了。双水泉的双泉不都在此处，这是一泉，另一泉在上方寺顶部。

据说早年间，有个外地人，听说老爷山一带有宝藏。他就来到这里寻宝。他听说车耳营附近的一个泉眼里有一条会法术的小金鱼，想要什么就能变出什么来。这个贪心的人想，要是把这条小金鱼抓回家去多好啊，自己想要什么就来什么。于是，他就一路打听找到这个泉眼，果然看见一条金灿灿的小鱼在水里游。外地人赶紧下手捞，小金鱼连影儿都没让他碰着，就不见了。这人还不死心，还在那儿等，一直等到太阳落山，也没再见这条小金鱼，这才悻悻地回了家。

这之后的几天，这个人天天上山去等，都是空手而回。后来有一个打柴的白胡子老头告诉他，小金鱼不在这个泉眼就在上方寺上边的那个泉眼。这个人就又爬到上方寺那个泉眼去抓小金鱼了。他果然在这个泉眼看到了小金鱼，可下手一抓，小金鱼便又连个鱼影儿也见不着了。白胡子老头告诉他，这小鱼来回跑，不在这边就在车耳营那边。这个贪心不死的外地人，来来回回地在车耳营和上方寺两边的泉眼之间折腾，最后终于失足掉进了山渊，连个尸首也没留下。因此也就有了"双水泉暗中流，不在这泉在那泉"的传说了。

双水泉的水甘甜清凉，许多人专程跑这儿来喝水。20世纪50年代，此处成了九王坟畜牧场的植树基地。当时畜牧场的书记，每天早晨遛弯儿都要遛到这儿，他每天到双水泉的时候，都能看见一条黑身黄肚皮，碗口粗，二十几米长的大蛇，到泉水边喝水，喝完就走，看见人，也不停留。他把这事告诉同事们，大家都不信，直到跟他一起亲眼见到，大家才纷纷称奇。

双水泉周边果树茂密，花草重叠，泉水边飞舞着许多奇异美丽的蝴蝶，人们都说这些蝴蝶其实是双龙岭上边花儿洞里的花仙子变的，它们是到双水泉看守泉水的。我们现在去双水泉，还能在泉边看到这些美丽的蝴蝶呢。

二、磨镰石河的传说

过了双水泉，就到了磨镰石河，上香的路也差不多走一半了。在整个上香路上，要数磨镰石河的风景美了。河两岸花草树木郁郁葱葱，河道中雾气腾腾，不远处还有一块石头，叫香炉峰。老远望去青烟袅袅，好像刚上完香，烟火还没灭呢。听老人说原来这里有一眼大水泉，水流经年不断，水量大得能铺满河床，而这泉眼的泉水是从南山溢出来的，凡是泉水流经过的地方沙子及石头都清亮得像透明似的。

传说很久以前，一位仙人云游四方，行至此处，有些口渴了，见这泉水清澈甘凛，就捧起来喝了几口。喝完水又坐下来歇脚，不经意间抬头一看，看见对面有一悬挂在山壁上的香炉，还有不灭的烟火呢。他就想上去上炷香，拜拜天佛。可他又看到去香炉的路被山柴野草给掩上了，于是就顺腰中抽出一把镰刀，弯腰撩起河水在旁边的石头上磨了几下，刀锋利了许多，三把两把就开出一条小路。于是人们便传说现在去香炉峰的小路就是那位仙人留下的，而这条小河就叫磨镰石河了。后来人们上山打柴割荆条，都要到这磨镰石河磨磨镰刀，都说用磨镰石河的水磨出的镰刀要比别的地方磨出来的快得多。

磨镰石河的优美景色，吸引了许多仙灵神怪。相传双龙岭有条守大风口的巨龙，就常常到磨镰石河洗澡、嬉戏，还与当地的一条小红蛇情投意合，私订终身。可这是犯天条的，天庭震怒，一定要惩罚它们，于是大晴天的一声霹雳，响彻云霄，应着雷声，那条小红蛇被压在后山的青龙山下，那条巨龙也被抓起来押在大风口，并被罚永世不得超脱。而

凤凰岭景观传说

101

凤
凰
岭
传
说

自从巨龙和小红蛇被压之后，磨镰石河的河水就越来越少了，现在只能看个大概了。

三、苇子港的传说

苇子港是老北道的最后一个茶棚，茶棚旁边有一眼泉。这泉水从泉眼流出，顺山而下，自成一条小溪。流水声汩汩，传说是大仙堂供奉的大蟒们，每日巡查回来，趴在泉水边喝水的声音。早先，大蟒们为自己修炼时不被打扰，在泉眼流出的水洼周遭，都种上了苇子，远远望去好像一个屏风，后来人们就把这儿叫作苇子港了。

其实苇子港也叫贵子港。相传南方的一个秀才进京赶考，他听说妙峰山的娘娘可神了，只要诚心相求，定会有求必应。于是他就从老北道的聂各庄开始，一步一磕头地拜求。这天他磕拜到苇子港这儿，体力实在不支，病倒在了茶棚前，香客们七手八脚把他抬回来，给他又是扎针又是灌药的，仍不见好转。眼见考试的日子越来越近，这样的身子，别说到娘娘庙前许愿，就是现在就此返回也来不及了，秀才心里那个急呀。

这天，天刚擦黑儿，秀才正在迷糊，忽然迎面进来一位紫髯道士，他左手托一个金钵，右手捏着一个白色药丸，俯身对秀才说："小生醒

◎ 进香古道 ◎

来，用这泉水喝下这粒苇子丹，你就会好起来了。赶快，今晚就下山回去应考吧，否则就赶不上了。"秀才恍惚间，咽下了这粒苇子丹，喝了一口钵里的水，顿时觉得神清气爽，病痛全无了。秀才赶快起身跪拜，但他一抬，头哪里还有道士的踪影。他知道是遇到仙人了，赶快朝道士远去的方向拜了拜，又到茶棚供奉的娘娘及各路神仙处拜了拜，就连夜起身往京城赶去。说来也怪，这么远的路，秀才一没骑马二没坐轿，只凭一双腿脚，天还没明就到了京城，还没觉得累。考试时，也是下笔如有神，非常顺利地就答完了题，第一个就交了卷，而且还高中榜首，成了当朝的状元郎。一放了榜，他就马不停蹄地赶回妙峰山娘娘庙去还愿，又回到苇子港烧香拜谢各位供奉的神仙菩萨。

从此以后，每年各处来京赶考的秀才，都要到妙峰山娘娘庙许愿，到苇子港拜求各路神仙，饮泉水，以求考个好名次，还有个好身体。这条香道的香火越来越旺，后来人们把这苇子港也叫作贵子港了。

原来，当时这个秀才病倒在苇子港，天仙圣母碧霞元君娘娘早就知道，此人是文曲星下凡人间，到此应有一劫，她就派苇子港的大仙堂的大蟒爷出手相救，使他顺利地考取了功名。

这个美好的传说故事，人们至今仍津津乐道。

搜集整理：**胡玉枝**

第 ④ 章

凤凰岭洞石传说

一

魏老爷洞的传说

古时候，凤凰岭山下散落着16个自然村。这儿的自然景观与人文景观，相融相契，千百年来成就了关于凤凰岭各式各样的传奇故事。

在龙泉寺西北150米处，有个山洞，仙人魏伯阳曾在此修炼多年。今天这个故事，就与他有关。这个故事的主人公也姓魏，叫魏公阳。于清嘉庆初年，由河北廊坊来到凤凰岭谋生。魏公阳是个孤儿，又与哥嫂不和，终日得不到他们的照顾，反遭欺凌，只好背井离乡，自谋生路。

人们只知道魏公阳在沙涧为地主干活，至于他为贫苦百姓治病的事，却知之甚少，那么，他从小离家，又如何学得医术，如何为乡里治病的呢？

相传，魏公阳是个孤儿，年少时在河北廊坊和哥嫂住在一起。一天，他出去放牛，一时疏忽，牛进了地主家的谷子地，吃了地主家的谷子，气急败坏的地主把牛牵走了。魏公阳怕哥嫂打骂，不敢回家，躲在村边一座小庙里过夜。又怕又饿的他，发起了高烧，迷迷糊糊直说胡话："地主爷爷你把我的牛还给我吧……还给我吧……"渐渐的，他睡着了。这时，"吱扭"一声，破庙的门开了。睡梦中的魏公阳见进来一位神情飘逸，身材瘦高的老者，对他说："你的牛我已经帮你找回来了，就拴在你家的牛圈里。"魏公阳一听大喜，顾不上浑身酸痛，拔腿就要往家跑。老者拦住他说："别忙，我也姓魏，名伯阳。我看你，心地善良、悟性很好，我教你一套功法，以后就不怕别人欺负你了！"说罢，老者在魏公阳的头顶吹了口仙气，又张开双手从他的头顶到脚趾轻轻捋了一遍。魏公阳顿觉浑身轻松了许多，腿脚灵便了，身上也不烧了，精神不由得一振。老者望着魏公阳，把双手合在他的双手上说："你若想得道成仙，造福乡里，为百姓去疾解难，切记到'十六联村台头看，四十七级结仙缘'处找我。"说罢，一阵凉风袭来，老者旋即消失得无影无踪。

魏公阳醒后，觉得神清气爽，自己的病不治而愈。他飞奔回家，见那老牛果真在自家圈中，地主正和哥哥争吵，让赔被牛损坏的庄稼钱。见魏公阳回来了，两人一起朝他走来：地主叫他赔庄稼钱；哥哥骂他不好好看牛，还不分青红皂白，挥着大棒子上前揍他，撵他走。魏公阳见哥哥如此对他，伤心之至，含着热泪对哥哥说："打不怕，骂不怕，撵我更不怕，若想再见我，去到十六联村台头村，四十七阶老山崖。"说罢，转身朝北京方向走去。

魏公阳一路颠簸，来到北京西北的前沙涧村，当地的一个地主，见他身体健硕，便留他在家干活。

魏公阳在地主家什么活都干，种地、砍柴、看孩子样样干得出色。魏公阳每次干活时，他都会在离自己不远处画一个圈儿，把孩子放在圈内，孩子不哭也不闹，自己玩得不亦乐乎。被魏公阳照顾得健健康康的，人一逗就笑，周围的人都喜欢这个孩子。

一次，魏公阳替地主送信，去了三日才回来。回来后，见孩子脸蜡黄，也瘦了许多。一问才知道，村里的小孩在流行一种怪病：上吐下泻，发烧不退，邻村已有几个小孩不治而亡。地主全家都一筹莫展。魏

◎ 仙人洞 ◎

凤凰岭传说

公阳这时不禁想起了当年破庙里的老者说过的话，忙向地主打听：十六联村台头在那儿？魏公阳按照地主说的来到凤凰岭山下，找到了十六联村其中的台头村。站在村里，抬头西望，见到一道山峰。于是他又来到半山腰，果然找到了有四十七级台阶的地方。他顺着四十七级台阶，来到了一个山崖上。魏公阳双手合十，紧闭双眼，心中默念："老人家，您显灵吧，您还记得您当年对我说的话吗？"说来也怪，当他轻轻睁开双眼时，眼前的巨石忽然出现一个洞口，当年的老者飘然而出，飘至魏公阳跟前站定，说："你我果真有缘，既然如此，我就把治病的方法告诉与你，不过，这是仙机，你不许外传。"说着，老者对魏公阳一阵耳语，又递给他一只兰花小碗，便消失了。

魏公阳得到仙翁的指点，不敢怠慢，急忙按照仙翁所言来到附近的一眼"神泉"处，用兰花小碗取一碗水回去。此水给得病的小孩喝一口，便可痊愈。

魏公阳赶快回到地主家，见到了生病的孩子。只见那小孩病得愈加厉害，小脸瘦了一圈儿，头都抬不起来了，恹恹地趴在母亲怀里直打蔫。魏公阳端着兰花碗，嘴里念着仙翁传授的咒语，把水抵到小孩嘴边，小孩乖乖地喝了一口，立马来精神了——从母亲怀里窜下来，奔向自己的奶奶，奶声奶气地撒起娇来。奶奶一看大孙子的病好了，脸上简直都笑开了花。

地主，地主的儿子、儿媳妇对魏公阳是千恩万谢，又是杀鸡，又是买酒犒劳他。

魏公阳能治病的消息像长了翅膀传开了，十里八村的家长，都领着孩子来了。孩子蔫头耷脑地来，喝了魏公阳兰花碗里的水，一个个都活蹦乱跳地走了。

就这样，魏公阳在这一带算是出了名。人们都尊称他为"魏老爷"。

魏老爷一生积德行善，又得仙人指点，最终在龙泉寺西北处的一个山洞里圆寂坐化成仙。从此，人们便称这个山洞叫"魏老爷洞"，也有称作"仙人洞"的。

为了表达对魏老爷的怀念，每逢魏老爷成仙之日——正月十七，附近的百姓仍会扶老携幼，前来祭奠他。而魏老爷洞也让魏老爷的故事世代相传。

搜集整理：**刘桂文**

吕祖洞的传说

非物质文化遗产丛书

Intangible Cultural Heritage Series

在凤凰岭车耳营村西南500米，长安岭西端沟北，有一段长200多米牛鞍形的小山梁，吕祖洞就在梁头东端，俗称下洞。该洞坐西朝东，上方形门，分上下两层。从外步入洞内，有一座吕洞宾石雕坐像。贴洞壁有凿刻浮雕，因年代久远，屡遭破坏，彩漆剥落，已不是当年光鲜的模样。

吕洞宾是一个流传于各种民间故事中的传奇人物。在凤凰岭一带，流传着一个吕洞宾与"金蛤蟆"之间的传说故事。

相传，这一日，吕洞宾饮过酒，巡游到凤凰岭一带，身感疲倦，眼前出现一块巨石，吕洞宾心中暗想：此地环境优美，倒是一个休息的好地方。不如把此石作为一个洞口，开辟一个仙洞。说干就干，吕洞宾口念咒语，不一会儿，巨石中间出现一个洞口，吕洞宾便飘入其内，酣然进入梦乡。

◎ 吕祖洞 ◎

忽然，一阵锣鼓、唢呐之声由远及近传来，吵醒了正在酣睡的吕洞宾。吕洞宾不情愿地睁开双眼寻声望去：只见一迎亲队伍抬着花轿从车耳营村出来。吕洞宾看着心中顿觉蹊跷。别人家娶亲嫁女都高高兴兴，这家怎的还拉拉扯扯、哭哭啼啼？就是舍不得姑娘，也不至于如此啊？想到此，吕洞宾睡意全无，决定去探个究竟。

吕洞宾混迹于看热闹的乡民当中，假装好奇，问一抱着孩子的中年妇人："敢问这位大姐，这家办喜事，怎是如此场面？"

"这位小兄弟，你是外乡人吧？这不是娶亲，是抢亲哪！惨啊！"那妇人压低嗓门说。

"怎么回事，请大姐细细讲来。"

那抱孩子的妇人叹了口气，小声说道："在冷泉村有一户姓金地主，他有一个儿子，奇丑无比，满身满脸脓包，人送外号'金蛤蟆'。此人却深受父母的宠爱，惯得没有一点人样子。他仗着有钱的爹，欺男霸女，成了这一带出了名的混球。唉……"那女人叹了口气，接着说，"没人敢惹啊，只可怜那被抢的姑娘和她那瞎眼的老母。"

吕洞宾听完，心想：这事我管定了，定叫这"金蛤蟆"换副模样！

吕洞宾双眼一转，计上心来，对大姐说："小弟倒有一个治这只'金蛤蟆'的妙计，只要大姐帮我个小忙，我保证训他个服服帖帖，不再叫他祸害乡里！"

然后吕洞宾又在那人耳边耳语一番。那妇人听了吕洞宾的话，忍不住扑哧笑出了声。

话说，"金蛤蟆"高高兴兴把新媳妇抢回家，拜过天地。夜晚来临，吃酒的人都散尽了。正在"金蛤蟆"心神荡漾之际，忽然，自己被一股旋风，吹到了婚床上。金蛤蟆惊魂未定，他那如花似玉的娘子刹那间变成了盈盈水流，水慢慢漾过来："金蛤蟆"慌得站起身来，开始水只漫过脚踝，接着是腰际，再是胸口……"金蛤蟆"的心一下提到了嗓子眼，想到自己平素罪孽深重，今天肯定是哪位神仙来惩罚自己了，便作揖求饶，口中念念有词："神仙大人，小的知错，小的平日造孽太深，只要您大人大量，饶我不死，叫小的干什么都行……"

"果真干什么都行吗？"话音未落，吕洞宾显出真身。

"金蛤蟆"见是一年轻飘逸的道士，不禁惊诧道："敢问大仙英名？"吕洞宾答道："贫道姓吕字洞宾。"

"莫非就是八仙之一吕洞宾？"

"正是本仙，金蛤蟆，你可知错？可愿意本仙度化与你？"

"金蛤蟆"一听吕祖此话，连连点头："我愿意我愿意！"

"好，既然如此，我就把你变成一只金蟾，去镇守凤凰岭中一眼泉水，你的职责是，无论是涝是旱，你镇守的泉水不许缺水。"

"是，弟子我一定听从安排。只是我有一事不明，请问新娘子，怎的变成水了？"

"那是我略施小计，她已被邻居大姐护送回家了，我也治好了她母亲的眼疾。金蟾，你还有何疑问？"吕洞宾问道。

金蛤蟆双手合十，低语："听从教化。"

"好，那你明日太阳东升时，顺着凤凰岭车耳营村走500米，有个牛鞍形的山梁，梁头东端，有一巨石而成的山洞，你那哪里找我。"说罢，化作一阵旋风而去。

◎ 古石洞 ◎

第二天金蛤蟆到达吕祖洞，正好是太阳东升之时。他毕恭毕敬朝洞口小声说道："弟子来了。"

　　吕洞宾让金蛤蟆进到洞里，伸出一只手，轻念咒语，金蛤蟆立即由人变成了一只金蟾，老老实实落在吕洞宾的手掌中央。

　　自此之后，离吕祖洞不远的地方，出现了一眼泉水，泉水里果真有一只金蟾，而且真的像吕洞宾交代的那样，是涝是旱，那眼泉水再也没有缺过水。

　　现在，吕祖洞已成为人们观光旅游的胜地，吕祖洞的故事也代代相传。

搜集整理：**刘桂文**

朝阳洞中的石佛

在凤凰岭南线景区黄普院北侧的山岭上，有一个石洞，名曰"朝阳洞"。在朝阳洞旁的空地上，从前有过一座寺庙，而今庙址、石阶、断壁犹存，但这寺庙叫什么名、何时毁坏人们就不得而知了。

且说这个朝阳洞，它是背靠山崖，面朝河谷，由一大块巨石平卧上方而形成的一个天然石窟。在洞口处，不知何人用石块砌成了门窗，洞内的石壁上又抹上了泥，这样一来，外表看似山洞，洞内又同房舍一般。

相传在很久以前，这个山洞里一直住着一户山民。户主叫杨得坡，以打猎、打柴、种地为生。洞里靠东侧一间内有个石桌，桌上供奉着一尊大理石雕刻的石佛。杨得坡的母亲杨老太太每逢吃饭前，总要先敬拜石佛，然后自己再吃，天天如此。

◎ 朝阳洞 ◎

非物质文化遗产丛书
Intangible Cultural Heritage Series

凤凰岭传说

每当夏季梅雨季节，只要石佛身上出现水珠，当天必定降雨。传说有一年夏天，石佛的眼睛突然流泪不止。杨老太太见了急忙用手巾给石佛擦泪，但也无济于事。于是，杨老太太赶忙在石佛前的香炉里插上三根香，点燃后一边下跪，一边祷告："石佛呀石佛，您有什么为难之事，赶快对我说呀！您别看我老婆子穷，但我也要想法子帮您哪！"

　　当天夜里，杨老太太做了个梦。梦中石佛劝她赶快搬家，离开这个山洞。第二天早上，杨老太太把石佛夜间托梦之事告诉了儿子。怎奈儿子就是不信，不肯搬家，杨老太太很是无奈。谁知第二天夜里，杨老太太又做了同样的梦。天亮后，杨老太太急了，逼迫儿子立刻搬家，说什么也不在这儿住了。儿子被逼无奈，只好顺从老母亲搬了家。就在杨老太太一家搬走的第二天夜里，洞顶上的那块巨石"轰隆隆"一声向山谷中滑了下去，那尊石佛也随着巨石滚到了谷底……

　　从此以后，民间的百姓们便传说是杨老太太一心敬石佛，而石佛在山体滑坡的危难关头，也托梦救了杨老太太一家，真是好人得好报。

　　后来，有人根据民间流传的这一故事，专程翻山越岭来到朝阳洞下边的山谷里，寻找从山顶滑下来的石佛。在乱石滚滚的河滩里，石佛倒是找着了，但它却早已摔得身首异处、面目全非了。而今，那尊摔毁的石佛依然静静地躺在这深谷的乱石之中呢！

搜集整理：**李进明**

观音洞与峰恋石的传说

金世宗登基以后，发展生产政策宽松，出现了天下大治四方百姓安居乐业的局面。他派完颜璋带兵攻打南宋，征战在长江南北。完颜璋位高权重，是皇上倚重之臣，适逢他母亲八十大寿，燕京城的将军府悬灯结彩，大事操办。满朝文武官员前来祝贺，很多女眷也前来参拜，其中

◎ 峰恋石 ◎

◎ 观音洞 ◎

就有礼部郎中刘仲洙的女儿刘碧玉。刘仲洙官职虽小，但是他的女儿貌美出众，众星捧月般光芒四射，深受各位诰命夫人的青睐。

礼部郎中刘仲洙直言敢谏，这天在朝房顶撞了当朝宰相梁弼。梁弼平时就飞扬跋扈，岂容一个小小的郎中无礼，他当即参奏一本。世宗不问青红皂白，立即准奏。这样，刘仲洙便被推出朝房问斩了。梁弼还令燕京府尹郑建元带兵抄了刘仲洙的家。一日之间，刘郎中家破人亡，奴仆被驱散，家产被抄，眷属被卖为奴。最可怜的是刘碧玉被卖到完颜璋将军府当了一挑水的丫头。当日曾是这里的客，今天却变成了粗使丫鬟，真乃天有不测之风云，人有旦夕之祸福，祸福难料呀。

刘碧玉才貌双全，会弹琴懂棋艺，写一手好诗，画一手好画。一天，她在挑水时丢了一把折扇，小扇上有她画的并蒂莲，还题了一首诗：荷叶片片绿，莲花朵朵香，轻风朝霞动，水面闪金光。可巧得很，这把小扇被大将军的公子完颜纯捡到了。完颜公子看了小扇上的诗书画，思忖非一般女子所为，遂把刘碧玉唤来询问，方知是刘大人家的千金落难至此。

完颜公子是老祖母的掌上明珠，有求必应，即求奶奶把这个挑水的丫头赐给他陪伴读书。从此，白天二人在花园吟诗联对，夜晚公子读书红颜秉烛。刘碧玉把小扇送给了公子，完颜纯也把一双玉镯赠给碧玉，二人私定了终身。当完颜公子满怀希望去向祖母求告婚事时，恰巧碰到相府也来提亲。完颜纯的祖母想求宰相在皇上面前美言几句，把儿子完颜璋从长江战场上调回京城任职，就一口答应了将相联姻的婚事。完颜公子被逼成婚。新婚之夜，完颜公子离开洞房到下房找刘碧玉幽会。宰相之女新娘梁彩凤独坐洞房，左等右等新郎也不来，把丫鬟们唤来一问方知内幕。气得她当场扯下红盖头，直奔老祖母房中，向老夫人禀报了她独守空房，新郎私会情人的荒唐原委。老夫人气得颤颤巍巍地带领众女眷到下房查看。众人破门而入后，只见完颜纯和刘碧玉二人正抱头痛哭。老夫人一气之下，命令刘碧玉从此不许私到公子房中，依然回厨房挑水烧火，而完颜公子从此得病不起。

梁彩凤对刘碧玉是恨之入骨，这天她心生一计，一张状纸递到燕京府，状告刘碧玉勾引丈夫。燕京府尹是一个酷吏，性情暴烈、残忍无度。最狠的一种刑罚是他养着十几条疯狗，让疯狗噬咬犯人，一直把人的肉咬食干净。梁彩凤要让刘碧玉被疯狗咬食，连骨头都不剩方解心头之恨。府尹郑建元为讨好相府千金，很快派衙役到将军府捉拿罪臣之女刘碧玉。门卫飞报少奶奶，梁彩凤心知肚明，亲自到前厅接见官差，假装问明来意，表示慨然应允索拿犯女。

这时，得知消息的完颜纯趁着房间无人，赶忙来到下房给刘碧玉报信，让她赶快逃走。刘碧玉给公子跪下含泪道："妾身死不足惜，公子你要好好活下去，我就放心了。"完颜纯拉住刘碧玉的双手哭道："你死了，我也就不活了。""不，你要好好活下去。"刘碧玉说。完颜纯说："要活一块活，要死一块同死！"刘碧玉无奈道："那我们一起逃走？"完颜纯点头说："好，说走就走，立刻动身。"就此二人悄悄牵了一匹马，从后门出将军府，一马双跨向西山飞奔。

燕京府衙役到下房索拿刘碧玉，扑了个空，上房也不见了公子完颜纯。一时间将军府乱作一团，传言公子协助刘碧玉逃走了。郑建元府尹立即派大队人马出京城西门追捕逃犯。完颜纯和刘碧玉一口气跑了几个时辰，看看已是西山脚下，再往前看是南北一字排开的山岭，就是今天的凤凰岭。后山尘土飞扬，追兵已经赶来了，情急之下，完颜纯、刘碧玉弃马上山。大队捕快发现他们上山，也纷纷下马上山围剿。二人气喘吁吁攀上一个山头，前面是悬崖绝壁，后边追兵三面包围上来，此时是上天无路，入地无门。万般无奈，这对痴情恋人相拥相倚，要跳崖同归于尽。

　　这个山头西面山岭的半山腰有个洞。这时，观音菩萨与吕洞宾正在洞口的平台上下棋。原来救苦救难的观音菩萨慧眼遥观，通晓未来，所以在此洞住宿一夜，专等搭救这一对痴情男女。说时迟，那时快，观音用手一指，完颜纯和刘碧玉相拥的身姿顿时化作了"峰恋石"，让这对情人生生世世永远相恋。菩萨住过一夜的山洞从此得名叫"观音洞"，而东面悬崖上相拥的两个石峰，就是完颜纯和刘碧玉化作的永世不变的"峰恋石"。

搜集整理：**杨正棠**

寒崖洞的传说

非物质文化遗产丛书

Intangible Cultural Heritage Series

凤凰岭传说

民国初期，在驻跸山北边一个叫孤门石寨的地方，在它东侧的山坡下有个叫寒崖洞的山洞，此洞既暗又深，这里至今都流传着一个很有意思的传说故事。

离山洞不远处有个叫白虎涧的小村庄，此地水好土质也好。几百年来盛产一种虎涧梨，香脆可口、远近闻名。在这村子东头住着一位叫王文海的石匠，手艺好、人精明，和乡亲们相处得十分融洽。他媳妇会种果树，家里有300棵梨树和200棵杏树。王文海每天和几个石匠开山凿石，他媳妇料理果树。家中收入丰厚，日子过得很富裕，但殷实的家业有时也给他们招惹了一些麻烦。

俗话说"树大招风"，文海家的事儿不知怎么传到昌平的虎峪村，这村中有一家姓吴的弟兄俩，老大吴为、老二吴每。俩人原本在延庆，可二人好吃懒做，不愿下地种田，经常小偷小摸，被爹妈赶出了家门，

◎ 春游凤凰岭 ◎

◎ 造化钟神秀 ◎

才来到了虎峪村，二人平时靠打短工过活。俩人听说王石匠家很有钱，一商量就以打短工为理由来到了王石匠的家中，并轻而易举地骗取了石匠夫妻的信任，顺利地住进王家的梨园。

王石匠为了考察他们，夜里悄悄地溜进了自家果园，轻轻地咳嗽了几声。吴家兄弟还真追了过来，王石匠仗着路熟才甩掉他们。吴家兄弟俩平时干得还真像那么回事，白天在园子中转上几圈，吆喝几句。晚上呢也不敢睡觉，两人装腔作势地喊上几嗓子。所以石匠更加信任他们了，每天早上和下午叫媳妇给他们送两顿饭。

这天，王石匠媳妇因为娘家有事，做好晚饭便回娘家了，王石匠来送的晚饭。吴为心中暗喜，但假装关心地说："王大哥，嫂子是不是不舒服了？您怎么来了？"石匠道："你嫂子回娘家了，今儿晚上不回来了。"王石匠走后，兄弟俩决定当天晚上动手抢劫王家。

夜里两三点钟，兄弟俩带着绳子和刀子悄悄地翻过王家不高的院墙，把睡梦中的王石匠用绳子捆了个结实。吴为凶狠地说："姓王的，对不起了，把你们家的钱都拿出来，要不然可别怪我们不够意思！"王石匠气愤地说："你们俩真是坏了良心，几天前，你们求我赏你们口饭吃，我们心眼好，让你们来我家梨园护果，没想到你们吃狼肉有虎心，恩将仇报，我们真是瞎了眼了。"吴每说："少说废话，把钱拿出来再说！"王石匠这时心想，这两个人身强体壮，又拿着刀子，我只能智取不可强攻。这时他忽然想起了离他家不远的寒崖洞，小时候父亲常带他去那里，那是一个不为人知的非常神奇的洞穴。于是他装作害怕地回答道："我那点儿血汗钱都放在离家不远的寒崖洞里了。""那洞离这儿有多远呢？"吴为问。石匠说："二里多地。"吴每气势汹汹地挥着刀子说："带路吧，找不到钱我们可就不客气了！"三个人在夜色中点燃了火把，向那山洞走去。

几个人来到了寒崖洞前，王石匠说："这洞很深，我把钱都放在里面的一个石室中，你们谁跟着我下去呀？"经他这么一说，那吴家兄弟可就动上心眼儿了，谁都想先看见钱多拿点儿，王石匠这么说也是为了让俩人互相猜疑。吴为说："二弟，我陪着王大哥进去吧！"吴每不甘心地说："哥哥，还是我先陪他进去吧。"这两人竟然争了起来。王石匠说："干脆你们都在这儿等着吧，我也跑不了，一袋烟的工夫我就出来。"于是王石匠点燃一支火把，独自朝那黑黢黢的洞中走去。

一袋烟的工夫过去了、两袋烟的工夫也过去了……吴家兄弟俩足足等到了天大亮，也没有见到王石匠的身影。原来这寒崖洞虽然阴森寒冷，但它在几里地之外的山那边还有一个不为人知的秘密出口。王石匠从小生长在这里，对这里了如指掌。这时候王石匠早就逃出了那个洞口，跑到大山的那边去了。

搜集整理：**严秋声**

六

莲花洞的传说

　　妙峰庵就在驻跸山上，凤凰岭北线。此庵以马铺山为屏障，若不走到近前是看不到这个寺庙的，所以管它叫"旮旯庵"。妙峰庵南侧有一块巨石，石后有一洞穴，此洞便是莲花洞。莲花洞深数丈，进洞前行两丈余，有石门对合，推开石门，有暗河穿洞而行，其水流湍急，水声哗哗。站在河沿，冷气袭人，并有一股强大的吸力，能把人整个身子吸到洞底。

　　相传，从前，昌平白虎涧村有一个姓孟的打柴人，一次上山打柴累了渴了，就在这个洞里歇脚，也想找口水喝。他推开石门，摘下草帽，刚要探身捧水喝，手中的草帽，一下子就被一股强大的吸力给吸进深洞里去了。幸亏他反应快，赶紧用手把住石门的门沿，要不然连他整个人

◎ 凤凰岭红叶 ◎

◎ 桃红柳绿 ◎

也得被吸进去，吓得他赶紧逃出了此洞。他回去后就病倒了，好长时间都不敢上山打柴。

很多人好奇，这个洞穴为什么会如此寒气袭人，又为什么会有这么大的吸力？

此洞原本是妙峰庵莲花师太坐禅修炼的地方。洞内有一条细小的引水渠，是师太闭关自修时饮水所用的。传说有一年，莲花师太又进洞中闭关修行去了。照往常，师太一般闭关七天，也有闭关半个月一个月的时候，但每次都有交代。而这次师太在闭关前，并没有特别交代，而且已闭关一个月有余了，还没有动静。主事尼姑就在洞边询问师太何时出关，师太告诉主事尼姑，说此次她要闭关百天，嘱咐尼姑要管理好庵中事务。等到师太闭关百天之日，庵中众尼姑列队禅坐，静候莲花师太圆满出关。这时，莲花洞石门自开，洞内一朵盛开的莲花飘向云端。同时响起师太祥和禅定的声音："众弟子，要切记戒规，严守律行。如遇大难即可到莲花洞中找我，切记！切记！老衲去也。"师太成道仙去时，在洞内留下一朵常开不败的六瓣莲花化身，花瓣下有晶莹的舍利子。此后，庵中尼姑每日谨守戒规，尽心修度。还每日清扫莲花洞，并在莲花台前敬香供奉。

这样平安地过了一年多。第二年，当地发生了罕见的水灾，洪水滔天，淹没了周围的庄稼，也淹没了妙峰庵。

先前主事的尼姑，带领众尼姑，到莲花洞内拜求莲花师太。莲花师太现身相救，她命众尼姑，全进莲花洞内，然后打开引水渠口，只见漫延的洪水一下就从渠口涌了进来，沿渠成了一条湍急的暗河，穿洞而去，这样保住了妙峰庵。

尼姑们为了感谢救命之恩，从此全部在洞内修行，再没出过莲花洞。

洪水过后，人们再也没见到过妙峰庵中的那群尼姑，是死是活，无人知晓。而洞内的石门打开后冷气袭人，有一股强大的吸力，更给这座莲花洞笼罩上一层神秘的色彩。后来，这个洞穴被人堵上了，现在已找不到其准确位置了。

搜集整理：**胡玉枝**

牛郎洞与神女石

传说很久以前，有九个仙女，她们在天上有作画的、有上酒的、有织绢的、有弹琴的、有侍花的、有刺绣的、有梳妆的、有制衣的、有伴舞的。她们耐不住天宫的寂寞，腾祥云驾清雾，飘然而下来到人间，想到处看看。她们本想落在一座繁华的城市，由于兴奋只顾得说话，落到了凤凰岭的山上。一个仙女说："我们正好洗洗澡，然后再前往想去的地方也不迟。"她的提议，得到了众姐妹的赞成，于是脱去轻纱衫，来到九女缸，尽情地洗浴。

再说岭南有座神牛峰，半山腰处有个山洞，老百姓叫它"牛郎洞"，里面住着一位放牛郎。这后生从小失母，独养老父，老父亲半身不遂，虽勉强能走几步，可是吃喝全得有人照顾。这种生活过了七年，老人去世了，家里穷得很，连张席都买不起，实在无法埋葬，只好向牛主人借点钱。当时说，以后要是自己没力量还钱，就给主人当一辈子奴才，以抵债款。

牛郎所放的牛中，有一头是吕洞宾骑的神牛。当初吕洞宾来到吕祖洞，就把牛拴在庙旁石洞里休息，自己进洞修行去了。不多时，玉帝传下天令，叫吕洞宾赶快乘着西北角的云头上天。当时神牛在洞里睡着了，没有上天就留在了这里。这牛十分通人性，它知道放牛郎是个孝顺的孩子，可是穷得叮当响，娶不起媳妇。一个人不能一辈子打着光棍啊，于是就给牛郎搁了份心。这天神牛睡醒午觉，忽然，暗中算出，现在有九位仙女在九女缸洗澡。这可是个机会，神牛早都想要帮牛郎找个媳妇了，今儿要实现。神牛告诉牛郎快到九女缸去抱一件仙衣赶快离开，而且跑得越快越好。牛郎问："你让我抱一件衣裳干吗呀？"神牛说："傻小子，这是好事。听我的，赶快去，错过时机，以后就没有了。"牛郎没再多问，赶快朝九女缸方向跑，果然，看见各种色彩的衣裳散落在巨石上，牛郎看中了一件浅黄的衣衫，抓起就跑。

　　正洗澡的九个仙女，突然见有个人影掠过，立刻停止了欢笑，都忙着找自己的衣裳。八个仙女找到了衣裳，腾空而起。唯有织女没找到，正当她犯愁之际，一头牛走过来瓮声瓮气地说："你的衣裳就在身后。"织女快速穿好衣裳，就看见一个放牛郎向她走来。

◎ 登高赏秋 ◎

凤凰岭传说

牛郎说："让你受惊了！刚才是神牛出的主意，让我抢走你的衣裳。它没有别的意思，就是希望你能留下和我过日子。"织女一看牛郎，虽然穿得陈旧，看相貌很英俊，也不花言巧语。牛郎继续介绍自己的情况："我呢，不会勉强你，我什么都没有，还为父亲欠下外债。你要是嫌我穷，现在就可以离开。但我的这颗心，会永远向着你。我那朋友神牛，也肯帮助我们。"织女已经失去了姐妹，而眼前的牛郎说的一番话也打动了她，于是她决定留下来和牛郎成家。

从此后，牛郎每天出去放牛，织女在家织绢。织绢换来的钱，早早还完了外债，两人的日子过得倒也舒心。

就在离牛郎家不远，住着一户人家，父子俩，父亲叫王霸，儿子叫王刁，是个无恶不作的恶霸。他听说牛郎娶了个漂亮媳妇，十分眼馋。这天借点酒气，叫上两个混混儿，闯入牛郎家，抢走了正在织绢的织女。他把织女摺在屋中，紧锁门，准备拜堂成亲。织女万分着急，想方设法逃走。她见墙下有一个小孔，就轻轻地敲掉几块砖，仗着身子瘦小，从洞口钻了出去，撒腿就跑。没跑多远，被王刁发觉，拼命来追。织女慌不择路，跑上一座峰顶，眼看王刁越追越近，便心一横，一咬牙，跳下了悬崖。王刁眼看织女摔死，垂头丧气地回了家。牛郎放牛归来，不见了织女，到处找得他又累又困，眼睛一迷糊，坐在洞边睡着了。睡梦中，忽然见织女向他走来。牛郎正要问她去哪儿了，织女转身就走了，任凭牛郎怎么叫她，织女就是不回头。牛郎只好跟着织女向前走，走了好远的路，突然织女回过头来，用手一指一块巨石，像是在说：这就是我！惊得牛郎一下子醒了。他顺着梦中的路，寻着找去，果然见到了那块巨石。人们说是织女的魂魄安详地遁入这块石头中，就是我们今天看到的"神女石"。

搜集整理：止　敬

八

"一窝猪"的传说

在凤凰岭核桃谷的山沟中，由于千百年来洪水的冲击，自然而然地形成了一大片大小不一的黑石头群。这些石头大的重达几千斤，小的也达几百斤，远远看去，好像几千头黑猪趴卧在那里，因此人们一直称这里为"一窝猪"。

相传有一年，明孝宗朱佑樘到明照洞瑞云庵巡视归来，路经核桃谷。他见前边山沟里卧着一大片黑石头，溪水在这片石头群中穿过，发出清脆悦耳的响声，不禁龙颜大悦。他随口问随行的侍臣："此处叫什么名字？"

侍臣明明知道这里叫"一窝猪"，但他不敢直说。因为明朝皇帝都姓朱，朱和猪同音，应该避讳，如果直说了，肯定会引来杀身之祸。于是这个侍臣答道："回万岁爷，这里叫'一窝黑'。"

孝宗皇帝听了一愣，他认为这"一窝黑"的地名太不吉利了。心

◎ 飞来石塔晨曦 ◎

想：这片黑石头若是成了精，再跑到京城里头去闹腾，那天下还能安生吗？想到这儿，他便问侍臣："此地距皇宫内院有多远？"

侍臣答道："七八十里吧！"

"啊！这么近呀！"孝宗皇帝一边说着，一边观望着山沟里的这一大片黑石头，当他的目光落到山沟南岸山坡上屹立着的一块巨大的石头时，不禁突发奇想：我何不在此地封个镇物出来，以此镇住这一窝黑石头呢？对！就这么办！想到这儿，孝宗皇帝便对随行的众文武大臣说道："众位爱卿，你们看，对面山沟旁的那块大石头，它像不像一只老虎呀？"

各位随行的文武大臣急忙附和道："像！像！真是太像了！万岁爷真是好眼力呀！"

"好！"孝宗皇帝高兴地说："既然如此，那朕今儿就封这块大石头为'老虎石'！让它镇住这山沟中的一窝黑石头！"

众文武大臣忙道："万岁英明！"

孝宗皇帝封了"老虎石"之后，又继续顺着山谷前行。当走到龙泉寺南边的山沟时，孝宗皇帝看到山沟北岸边矗立着一块大石头，于是他又御封这块大石头为"大将军石"，意在让这"大将军石"把守住这山谷口，以防止山谷上游那一窝黑石头在"老虎石"疏忽打盹时，乘机跑出山谷来作乱。

如今这核桃谷中，"老虎石"和"大将军石"还屹立在山坡上，忠诚地守卫着。可惜的是，前些年附近村里的石工们将这些大石头砸成块石给卖掉了。现在这"一窝猪"已经没了一大半。这样一来，核桃谷中这叫了几百年的地名"一窝猪"，而今只剩下"半窝猪"了。尽管如此，人们今天仍然管这里叫"一窝猪"。

搜集整理：李进明

九

老虎石隔猪

老虎石隔猪是凤凰岭山上的一景。这个故事我们先说猪，后说虎。

猪和虎，本都是人间的活物，后来变成了石头。当年，鲁班在西山干活时，发现谷中有条深沟，里面堆满了碎石，正好做采石场。条石散落，给来往行人带来许多不便，他打算先清理一下。于是他叫徒弟王巧去趟采石场赶运石料，并一再嘱咐："白天运碍事，必须得晚上走，你可务必要在天亮以前运到。"王巧是个贪玩的人，听说师父要他外出运石料，就像解了笼头的小马驹，一个劲地尥起蹶儿来。等到天擦黑，他收拾好行装，上了路，不多一会儿，就来到了谷底采石场。他走到跟前一看，在山坳里躺着成千上万条好料，什么形状的都有。他知道路程不近，道又不好走，不敢耽搁，便照师父的话，口中念念有词："石头石头，快跟我走，鲁班邀你，宝顶一游。"这几句话，还真灵，一眨眼，

◎ 奇峰怪石 ◎

这些石头全都动了起来，你揉我挤，吭吭哧哧，变成了一大群猪，向着另一个大山头，弯弯曲曲地前进。王巧跟在猪群的后边，手里拿着一根小树枝摇着，嘴里滴咪滴咪地不断吆喝，既给自己解闷，也给猪仔提神。

走了一山又一山，转眼来到明照洞瑞云庵南边的山沟里。王巧估摸着时间顶多也就是午夜，离天亮还早着哩。他想，不如在此打个盹，在天亮之前赶到就行了。想到这儿，他跑到猪群前边一吆喝："停下，歇会儿吧！"再给领头的猪挠挠痒，其他的猪也跟着全躺下了。王巧找到一块草地，把行囊枕在头下，不一会儿就打起呼噜来了。

也不知道是什么时候，像是从庙里传来了撞钟的声，不一会儿，隐约也传来念经声。王巧才从梦中惊醒，一轱辘爬了起来，糟啦！天已然大亮了！他急忙去赶猪，可是昨天那些猪，现在伏在地上全都变成了黑石头。王巧跺着脚，急得哭了起来，他没脸回去见师父，只得悄悄地溜下山，到门头沟找活儿去了。后来听说他吸取了这次的教训，变成了一个责任心很强的人。

再说这凤凰岭以前因为荒凉，许多动物都栖息在山里。小的有野兔、松鼠，大的有狐狸、狼、豹。唯有一只老虎独来独往，它找来了食，别的动物休想分去一口，别的动物找到的食，它也从不抢夺。这一天，它睡醒了觉，想着出去走走。很远就闻见了有活物的味儿，它顺着味找去，就看见前边躺着一片猪。老虎心想，这可够我吃些日子的。直冲向猪群，可到跟前一看，眼前这些活猪瞬间变成了石猪，还有猪味呢。老虎气得直咧嘴，不住地发出低低的虎啸声。这时，一位正在修炼的仙人，忽听虎啸，飘然而至。他用手一指猛虎，那头猛虎，立马不动了也变成了石头。后来有人上山，看见此景，便称这里为"老虎石隔猪"。

后来也有传说明孝宗皇帝，路过此地，见到一片乌黑的大石头，就问身边的侍臣："这个地方叫什么？"侍臣为了避讳"朱"字，于是说："这个地方叫'一窝黑'。"孝宗有些担心地说："这些石头照此滚动，民房庄稼会受害，迟早皇宫城墙也会遭殃。"侍臣说："皇上看您上管天，下管地，只要您封一块石头叫作'老虎石'，让它看住黑石头，就再也用不着操心了。"孝宗采纳了他的意见，顺手一指河谷南岸一块巨大的石头："孤家封你为老虎石吧，你要好好看着这群黑石，别让它们滚动。"自此，老虎石尽职尽责，一窝猪依然如故。

搜集整理：止　敬

凤凰岭传说

将军石的传说

在凤凰岭龙泉寺南侧的河滩旁，有块被人们称为将军石的大石头，立在那儿也不知有多少年了。将军石周围，是一片空地，长满了青草和野花，孩子们都喜欢在这儿玩耍。

一天，村里的几个姑娘到这里挖野菜，每人拿一个筐子，嘻嘻哈哈，有说有笑。有个梳辫子的姑娘出了个做游戏的主意，就是用竹筐往将军石上抛，谁的筐子被将军石接着了，将来谁就嫁给将军。于是轮流将筐子往将军石身上扔去，可巧有个高身材、大眼睛的姑娘的筐子挂在了将军石的耳朵上，这时大家都大笑起来，给这个姑娘道喜，说她以后就是将军夫人了，羞得这个姑娘面红耳赤，追打着那些嘴欠的姑娘。说笑一阵以后，姑娘们又挖了些野菜，就各自回家了。

这本是个玩笑，谁也没把这事放在心上。没过几天，有一天的夜里，那将军石变成一个石人到大眼睛姑娘家来串门。姑娘见到他，开始

◎ 凤凰岭云海 ◎

有些紧张，石人说："我是明朝的大将军，孝宗皇帝让我在这里镇守凤凰岭的众多宝物，到了一定时间允许我娶妻生子，过常人的生活。"姑娘说："那天我们几个人扔筐子不过是做游戏，怎能当真？"石人也不勉强，只是和她说些古代有趣的故事。从此以后，隔三岔五的石人就在夜间来和姑娘聊天。姑娘对石人日久生情，与石人成了事实上的夫妻。

不久后，姑娘竟然怀孕了，后来生了个胖小子。村民们纷纷猜测事情的原委，还是当年和她一起挖野菜、做游戏的几个姑娘猜出了几分，结果到姑娘家一问，果然生的是石人的孩子。

石人在夜里出走的事一传开，村民们很慌张，于是就用江米熬成稀浆，加上白灰，在将军石四周挖槽，来了个"石灰灌浆"，把将军石铸在地上动不了了，从此，石人再也不能到妻子家来了。

石人的儿子逐渐长大，到了上学的年龄，该取个名字了，可还不知姓什么，他妈妈就说孩子姓石，老师给取名石生。小石生很聪明，常问妈妈："人家孩子都有爸爸，我为什么没有？"妈妈只得推说爸爸在外地做买卖。可在学校，有的同学说他是没爹的野种，小石生就和那孩子打了一架。妈妈一看再也瞒不住了，小石生也懂事了，早晚也要告诉他真相。这一天，妈妈给石生换上新衣服，带他带到将军石旁，告诉他："这就是你亲生父亲，跪下给父亲磕头。"妈妈对石人说："我今天带着儿子来看你，希望你保佑我们母子平安。"只见石人早已泪流满面。

还有，由于将军石被铸在了地上，眼看着山上的宝物被盗宝人盗走也无可奈何了……

搜集整理：**董文森**

神蛙石

凤凰岭上尽是峭壁险崖幽洞奇石，很多游人攀山绕脊来到这里看到形形色色的石头，都要赞叹大自然的造化神奇。出名的除了将军石、神女石、老虎石、海马石之外，还有一石叫神蛙石。一个不起眼儿的青蛙，和诸位身价高贵的名石，能够并驾齐驱，没有点特殊贡献，想列其中是不容易的，想必它一定有点来头。

青蛙将卵产于水中，然后孵化成蝌蚪，变态长大后，鳃与尾巴自然消失，长出四肢，用肺来呼吸。当它发现猎物的时候，一边弹起强而有力的后腿，一边翻出卷在嘴里的舌头，这一弹一翻有如探囊取物一般，每发必中。

传说，古时候，各种动物与人一样通通会讲话。时常为一些鸡毛蒜皮的事吵起来，各不相让。一会儿这一群吵，一会儿那一群吵，闹得天帝烦死了，因为没有一会儿安静的时候。天帝他有权啊，想出的主意就是严肃的决定。他要彻底解决动物吵闹的问题，有一个完美的办法，除了一个动物外，其余的动物都不会说话。当然啦，这个办法，不能让动物们知道，要是它们预先知道了，那还不闹翻天呀？天帝以好颜好色地对大家说："我最近炮制出一种饮料，很好喝，但是不多，只有一碗红色的，喝不着的，也不能空着，喝白色的，管够。所有的饮

◎ 神蛙石 ◎

料，陈列在天上的'品味斋'，现在我发口号：预备，开跑！"

所有的动物包括人在内，不管强弱、大小，跑的速度快慢，一齐向天上的目标行进。老虎冲在前面，狮子也不肯落后，同它们相比，小小青蛙一蹿一蹿，一蹿一蹿，哗得哗得哪跑得起来呀，它虽努力跑，可仅仅比蚂蚁稍快点。天帝看它赶路吃力可怜，想送个人情给青蛙，于是化作一个白胡子老头走到青蛙跟前说："青蛙，你到了那里，只要挑那碗红色的水喝下去，就仍然会讲话了，可千万别泄露了天机。"青蛙也不知道老头是谁，连正眼也没看一下老头，只顾继续赶路。一路上，青蛙不住地跳，跳得浑身是汗，已然筋疲力尽。有个人回头看它十分吃力，便生好心，一把将它抱在怀里带着走。青蛙扎在人怀里，总算喘口气，慢慢心态也平和了。它睁眼望望周围的情形，发觉人懂得怎么超近怎么绕远，走的路合理，省了不少时间，占了前几位。

天帝见动物都到齐了，便下令大家喝水。青蛙飞快地挑了一碗淡红色的水对人说："若不是你带我跑来，我这个青蛙就是个废物。我看你心眼挺好的，这碗水你喝了就仍然会讲话。你可以立大业，奔未来，咱们动物就靠你来安排生活啦。"远古的人很纯朴厚道，连忙推辞说："这是天意，既然你拿到了红水，理应你自己喝。"说什么青蛙也不喝，双方推让多时，青蛙突然捧起一碗白水咕咕咕喝了下去，胀得肚子都大起来了。它抬头对人说："快喝快喝！"说完这句话，接着只听它呱呱呱叫着，只能抬爪儿比画，再也不会说话了。人到此时像是明白了许多，青蛙说得是真话，再也不敢迟疑，忙喝下了那碗红色的水。喝完之后，人对青蛙说："青蛙！青蛙！你对人真好，人要世世代代感谢你。"青蛙也很感动，便与人做了好朋友，整日在田里为人捉虫子，保庄稼，蛙粪是上等的有机肥料，哪里有蛙声，哪里就人安丰年。人是有良心的，在凤凰岭上给蛙安排了一个显著的位置，取名"神蛙石"，是让后人永远记住青蛙对人的好处。在所有的动物中，能讲话的唯有人。

凤凰岭洞石传说

青蛙石的传说

　　从前，老爷山下有个村子，村中有一个牧童，每天赶着牛到山沟里放牧。有一天，在回家的路上，牛忽然不走了，哞哞直叫。牧童心里纳闷：这是怎么了？好好的为什么不走了？赶紧走到牛的前面一看，道上趴着一只特大的青蛙，腿部受了伤，不断地流着血。牧童心里怪心疼的，就轻轻地用双手把它捧起来，放进背草的竹篓里，又采了些止血的草药，捣烂了，把身上衣裳脱下，撕成布条，把药敷在青蛙的伤口上，再用布条扎好，这才继续往家走。

　　到家之后，把牛拴好了，才想起青蛙。正想捧着青蛙去跟爷爷说，端起竹篓一看，那只青蛙早已不翼而飞。牧童心里很不快，但很快便把这件事忘了。没过几天，家里发生了一连串奇怪的事：家里的米缸没米了，明明只剩下一小把米，可第二天，就变成满满的一缸。有趣的是，在米中找到一块亮晶晶的、像青蛙形状的小青石。这东西是从哪来的

◎ 青蛙石 ◎

呢？怎么那么神奇？爷爷说："再试试！"便找了几个铜钱，放进一个破旧的空木箱内，再把小青石放进去。怪事，第二天一早，打开箱子，呵，里面满满的一箱子铜钱。爷孙俩高兴坏了，把街坊四邻，村里所有的百姓，都请到院儿里，像过年一样，摆了几大桌酒席，一起来庆贺这件天大的奇事、喜事。酒足饭饱之后，又把大部分铜钱分给乡亲们，每人都有一份，老百姓都很感激。从此，这个村的百姓，都富裕起来了。

谁想这件事，没多久就惊动了邻村的一个外号叫张扒皮的大财主，他听说有这等好事，竟让穷苦的百姓，捡到一个大便宜，那还了得。于是，张扒皮带了帮狗腿子，找上门来。非说小青石是家里的贵重宝贝，叫牧童偷去了，逼着爷爷交出小青石，要不就抓人去见官。爷爷和牧童宁死不从，围观的百姓见此情景，更是一腔怒火，纷纷上前跟张扒皮据理力争，发誓要跟他拼个鱼死网破。张扒皮吓坏了，派人叫来大队的官兵镇压，把牧童和爷爷抓进县里大牢。

张扒皮一边让人在牧童家翻箱倒柜，寻找那神奇的石头，一边又给县官送厚礼，让他给爷孙俩上大刑，严刑拷打，迫使他们说出神石的下落。这下爷孙俩可受苦了，浑身被打得遍体鳞伤。晚上，疼得睡不着觉，牧童从鞋底摸出小青石，拿在手里，反复观看把玩，不经意间，石头碰到伤口处，伤口马上愈合了，一点也不疼了。牧童高兴极了，把爷爷叫醒，把意外发现告诉他。俩人治好伤，牧童对着小青石说："谢谢你帮我们治好伤，可是，你能帮我们逃出这牢房吗？"话音未落，只见白光一闪，牧童和爷爷已经在牢房之外了。俩人大喜，趁着夜色，连忙一路奔逃回去。

天快亮了，逃到离家不远的地方，可俩人又不敢回家，只好转身又往老爷山逃去。官府发觉了，派了骑兵队追赶，俩人拼命继续跑。爷爷跑不动了，对牧童说："爷爷老了，活不了几天了，孩子，你赶快逃命去吧！""不行，爷爷，要逃一块逃，要死也死在一块，我绝不能丢下您！"话音刚落，眼看骑兵就要追到眼前了，牧童狠了狠心，从怀里掏出小青石说道："我们就是死，也不让狗财主得到神石！"说完，用尽全身力气，把石头抛向密密的山林。真是神了，又见一道白光闪过，爷

非物质文化遗产丛书

Intangible Cultural Heritage Series

凤凰岭传说

孙俩已经在几座山的背后，追兵早没影了。小青石呢？就在原地化作一块巨大的石头，还是青蛙形状，有几十吨重，无论多少官兵上前来推，就是纹丝不动，套上几头牛拉，也是没用，官兵没办法，只好回去交差。狗财主一听，气得直吐血，他想：我花了多少钱，落个两手空空，我绝不甘心！想到这里，气得一病不起，没多久就被活活气死了。那青蛙石呢？据说就一直耸立在凤凰岭地区的山沟里，见过这块巨石的人，再听到此传说，无不肃然起敬。

搜集整理：**孙成柏**

金蛤蟆的故事

　　很早以前，在车耳营村西南角，住着一户姓张的人家，家中有小两口和一个老婆婆。这家人，男人英俊厚道，女人温柔贤惠，老婆婆也慈祥善良，一家人和和睦睦的。小日子过得虽然简朴但很温馨，儿子、媳妇都很孝顺，也很勤快。而婆婆也很疼爱他们。

　　这样和和美美的一家人，唯一的遗憾就是小两口都已是30多岁的人了，膝下仍无一儿半女的，这事一直是两人心里的一块病，更是老人心里的挂念。老人为这事，到处求神拜佛的，也不见动静，渐渐的一家人把这事也淡下来了。可小两口每次见到别人家的孩子蹦蹦跳跳的，还是会抱过来亲亲，塞点好吃的。这些都被婆婆看在眼里，急在心上。或许是忧虑成疾吧，婆婆一向很硬朗的身子骨，一日偶感风寒竟一病不起了。虽然儿子媳妇多方请医问药，还是不见好转，婆婆的病一日重似一日，眼见要不行了。可突然有一天早起醒来，婆婆的精

◎ 凤凰岭杏花 ◎

凤凰岭传说

神好了起来，把儿子、媳妇叫到身边说："昨晚送子娘娘托梦给我，说咱们家要有香火了，并说咱们家高粱地东南角的地下，有件宝物，把宝物取出来就知道怎么回事了。菩萨让我告诉你们之后，就赶快回去修行。我走了你们别哭，你们一哭，就要耽搁我修行了。"说完老人很安详地咽了气。儿子、媳妇见老人走了，心中不免悲伤，可想起老人嘱托的，又不敢哭出声来。他们按老人的遗愿把老人安葬了，并守孝三年。

老人走了以后，小两口每天还是日出而作，日落而息。这天他们在犁高粱地的时候，想起老人嘱咐的事，就小心翼翼地刨了起来。刨着刨着，觉得镐头碰着一个硬东西，小两口小心翼翼地挖了出来，一看是一个非常不起眼的泥坛子。他们端起来左摇摇，右晃晃，只听见里边有哗啦哗啦的声音，不知道是什么，也看不出是什么宝物，但想起老人的嘱托，他俩就把这个坛子端回家，摆在屋里的柜子上，也没太在意。可是自从这个坛子摆在屋子里之后，小两口每天夜里都会听到一个小孩的叫声："爸爸妈妈，快把我放出来。爸爸妈妈，快把我放出来。"开始他俩还以为是做梦呢，可连续几天都听到这个声音，他俩决定看看到底是怎么回事。这天夜里，小两口早早躺下假装睡着了，不一会儿他俩就听见小孩的叫声。寻声看过去，这声音竟然是从坛子里发出来的。起初，他俩还有点儿害怕，可一想起婆婆临终前所说的，莫非真的是送子娘娘显灵了，给我们送子来了，竟有点欣喜了。于是，小两口忙不迭地直奔坛子，可这么个密封的坛子，怎么才能打开呀？小两口把坛子你端来看看我端来看看，不知是谁没接住，一失手掉在地上了，坛子一碎两半。可并没见到什么小孩，只看见一只金光闪闪的蛤蟆，这下可把俩人吓坏了。这时，这只金蛤蟆开口说话了："爸爸妈妈，你们别害怕，我就是送子娘娘送给你们的孩子。"说完转身一变，竟然变成一个肉嘟嘟粉嫩嫩的小娃娃。把小两口喜的，一把抱起这个可人的娃娃，亲了又亲，再不肯撒手。打碎的泥坛子，自动合了起来，变得金光闪闪的，金蛤蟆的外衣也飞进了金坛子里。天一明，小两口抱着这个娃娃，到妙峰山娘娘庙还了愿。又到婆婆坟前祭告老人。从此以后，小两口膝下承欢，享尽天伦之乐。他们的生活也越来越好，因为那个金坛子总有取不完的金子。小两口用这些金子除了接济邻里，就是修庙建寺。从此，他家人丁兴旺，香火不断，成为远近有名的大户人家。

据说，龙泉寺斜上方侧卧着的一块大石头，就是当年的小金蛤蟆坐化的。

搜集整理：**胡玉枝**

第五章

凤凰岭人物传说

一

魏老爷的传说

凤凰岭前有座老爷山，山上有座千年古刹龙泉寺。寺里的正殿、配殿中，除供奉有如来佛、弥勒佛、观音菩萨、地藏王菩萨之外，还有一座偏殿名叫"魏老爷殿"，殿里供奉着魏老爷。提起魏老爷，方圆几十里的老人们大都能讲出一两个关于他的传说。

相传魏老爷家境贫寒，他自幼便在山下的一个财主家当长工，一干就是几十年。魏老爷身高力大能吃能干，而且为人老实、诚恳，心地善良，乡里的百姓们都很尊重他。

话说有一年夏天，魏老爷给财主家耪高粱。足有30亩的一块地，他一个人挥舞大锄，只用了一天便耪完了。原来，这块地里，他只给留了五棵高粱苗，其余的全被魏老爷连根拔了。等到财主知道后，赶到地里一看，只剩下孤零零的五棵苗子，气急败坏半天说不出话来，好不容易才缓过劲来，恶狠狠地说："你、你……干脆就给我剩一棵苗子得啦！"

魏老爷听财主如此一说，也不言语，果真抄起大锄，咔咔几下又将四棵高粱苗子耪掉了。财主见了，顿时气得两眼直冒金星，差一点晕倒在地头上，只听他有气无力地说："好你个魏老头，这30亩地，你真的就给我留一棵苗哇？你这不是存心毁我庄稼吗？"

魏老爷见到财主急得那个样子，反倒嘿嘿地笑了起来。他指着地中间那棵孤零零的高粱苗子说："东家，别看我就给您留下这一棵苗子，到时候保证不会给您少打粮食的！"

财主余怒未消地说："好大的口气呀！好吧，咱俩骑驴看唱本——走着瞧！不过丑话得先说在头里，到秋天，我的这块地里若是亏了产，到时候可别怪我不客气啦！"财主说完之后，便气势汹汹地走了。魏老爷望着财主的背影，禁不住哈哈大笑起来。

转眼夏去秋来，财主地里魏老爷留下的那棵独高粱苗，不知什么时候长成了足有几丈高，而且又粗又壮。只见高粱头上成熟的大穗子通红通红的，在秋阳的映照下，放着红光，把那片田地都辉映得红亮红亮的。远远望去，那棵高粱好似一棵参天的大红树一般，巍然矗立在那儿。这天早晨，财主派了三挂大车到地里收高粱。魏老爷让车把式把车停靠在高粱棵底下，然后搬来一架梯子架到高粱秆上。只见他抄起一根棍子，不慌不忙地顺着梯子爬上去，然后挥起棍子对准高粱穗只敲打一下，只见饱满熟透的大高粱粒便纷纷落下。转眼间，三挂大车便装得满满的。就这样，三挂大车整整拉了一天，而那棵高粱头上的粒子还是不见少。太阳快落山的时候，财主家的粮仓里的大屯小屯全都装满了高粱。财主见那三挂大车这会儿还在源源不断地往家里拉着高粱，而仓库里已经装得满满的，无法再装了。这时他奇怪得终于忍不住地问车把式："地里那棵高粱到底还有多少粒呀？"

车把式回答："无穷无尽，有的是！"

财主一听，急忙跑到地里一看，果然如此。他欣喜若狂般地喊叫起来："哈哈！我要发大财了！真是神仙保佑哇！魏老头，你快下来歇会儿吧，我上去敲！"说完，他便不顾一切地爬上了梯子。

◎ 魏老爷像 ◎

魏老爷忙说："东家，你不会敲，快下去吧！"财主哪里肯听，他从魏老爷手里夺过棍子，如狼似虎地抡圆了棍子，狠命地对高粱穗子抽打起来。可是谁知他这一抽打，高粱粒竟一颗也不掉了。他累得满头大汗，只好问魏老爷这是怎么回事。魏老爷告诉他："种地人谁都知道，庄稼一年只能收一次。我从梯子上一下来，换个人上去一打，高粱自然就会没粒啦！"

财主听了，又生气，又懊丧，竟想拿这棵高粱出出气。只见他运足了力气，抡圆了棍子，狠命地朝高粱穗子打去！——只听呼的一声，平地上忽然起了一股风。随着这股风，高粱上的那片红光不见了，紧跟着那棵高粱也无影无踪了，而立在高粱秆上的那架梯子随之倒了下去，站在梯子上的财主"啊"的大叫一声，一个跟头便栽了下来，顿时摔得鼻青脸肿。

魏老爷上前扶起了财主，乐呵呵地说："我说你不会敲嘛，你看看，摔下来了不是！"财主讨了个没趣，灰溜溜地回家去了。

从此，在百姓们中间便流传开了"魏老爷不是凡人，是神仙下界"的传说。而魏老爷本人呢？依旧没日没夜、默默无闻地给财主家干着活、卖着力、流着汗，依旧穿着打着补丁的破衣，咽着糠菜。

一天，天下着雨，庄稼地里无法干活。魏老爷吃了顿黏饽饽之后，便在屋里歇着。这种黏饽饽，是由黏谷子磨成的面，蒸成的馍。馍里装着红小豆煮成的豆馅。谁知财主见魏老爷歇着，竟骂起街来："黏饽饽大豆馅，里外是粮食。吃饱了不干活，这不是坑人吗！"魏老爷听了，心里虽然很生气，但嘴上什么也没说，扛起锄头又冒雨下地去了。

一晃又过去了好几年，魏老爷的岁数一天天大了。狠心的财主见他老了，不中用了，便处处不拿魏老爷当人看。魏老爷忍受不了财主家的欺辱，便决定不再给他当长工了。临走的这一天，正是大年三十。到了晚上，财主家里吃起了雪白的白面肉馅饺子，而给魏老爷端过来的却是一碗又黑又粗又苦的稗子面皮、柳树叶馅包的饺子。稗子面，是由一种野草籽磨成的面，很难吃。在爆竹声声之中，财主家里喜气洋洋，大吃大喝；而长工屋里，魏老爷却对着这一碗稗子面包的饺子默默地流泪。

他想到自己在财主家辛辛苦苦干了几十年，到头来临走的时候，却得了这么一碗饯行的饺子，心里感到很不是滋味。魏老爷默默地端起了饺子碗，拿起筷子慢慢地吃起来。一边吃，一边自言自语地唠叨着："好苦，好苦！真是稗（败）子、稗（败）子啊！……"

魏老爷吃完了饺子，便离开了财主家。在漆黑的夜里，他顶着寒冷的北风，孤苦伶仃地独自一人朝西山上艰难地走去……

而那户财主家本来红红火火的日子，在魏老爷走后没有多久，便逐渐衰败下去，最后竟落了个家败人亡的下场——这真是报应呵！

魏老爷来到西山上以后，不久便在一块山石上坐化了。百姓们听说这一消息后，都认定魏老爷成了神仙，回到天上去了。于是便将魏老爷坐化的那座山称为"老爷山"，并在山上的龙泉寺里专门修建了一座"魏老爷殿"。同时，人们又为魏老爷塑了金身，供奉在殿里，让其世代代享受人们的朝拜和人间的香火。

相传魏老爷是正月十七升天的，每年一到这天，附近十里八村的百姓们便扶老携幼，前来祭祀。有的人还将自己亲手缝制的大山鞋敬献给魏老爷。传说人们第二年再去朝奉的时候，便会发现供桌下面摆放的这些鞋，鞋帮也穿破了，鞋底也磨薄了。人们认为，那是魏老爷穿着它，没日没夜干活的缘故！

岁月匆匆，多少年一晃就过去了。而今老爷山上的龙泉寺还依然存在，而魏老爷的传说故事在西山脚下仍然广为流传。

搜集整理：**李进明**

二

魏老爷外传

这里要说的是魏老爷外传，既是外传，您别较真儿。大家称他"魏老爷"，这个"老爷"，既不是官府的当职的人，也不是富家的当家人，更不是外孙称呼外公的"姥爷"。叫他"老爷"，这是正儿八经的尊称。不单是叫他魏老爷，连凤凰岭也被叫作老爷山。

这位魏老爷的来历谁也说不清楚，有人说他来自河南，有人说他来自河北廊坊。就连魏老爷的大名也有不同的说法。反正这里的人，都叫他魏老爷，这是无可置疑的。

魏老爷原是干苦力的，本钱就是力气加智慧。人们形容他，手掌像簸箕，脚底足有一尺三，不单手大脚大，吃顿饭须下升把米，干起活来十个八个小伙子也顶不上。他干活的那家地主，外号叫"扒皮"。他对谁都扒皮，魏老爷专门能对付他。经双方协议，每年工钱三十块。如有一种活儿不会做，扣工钱十块，三种活儿都不会干，愿扣全年的工钱。白纸黑字这么写了，地主暗暗地这个乐呀，心想：小子，我让你一年白干。平常什么事没有，赶到要算账的前一天，地主找来魏老爷说："今天我叫你做个特殊的活儿，你能完成吗？"魏老爷说："东家你就吩咐吧。""扒皮"翻了翻白眼，指着院里两口大小不一的缸说："你把这口大缸装进小缸里吧。"魏老爷想了想，"砰！砰！砰！"把大缸砸个粉碎，把碎片装在了小缸里。"扒皮"气急败坏地说："我让你装整缸，你先赔我大缸，然后再扣你工钱。"魏老爷说："不砸缸，你装给我看。你要是装不上，就甭想扣我的工钱。""扒皮"又指着屋里的地说："这屋里太湿，你把太阳光放进来，晒干这屋里的地。"魏老爷想了想，抓起一把镢头就上了房，刨起屋顶来。"扒皮"说："别刨！别刨！你为什么拆我的房？"魏老爷说："不刨了屋顶怎么能透进阳光去晒地？""扒皮"气红了眼说："你快下来吧，我不扣你工钱就是

凤凰岭传说

了。"魏老爷从屋顶下来，对"扒皮"说："东家，你还有什么活儿让我做吗？""扒皮"使出了最后一招："你猜我的脑袋有多少斤？猜对了，付给你全年的工钱，猜不对，你一年的工钱休想拿走。"魏老爷说："你脑袋是个大肉蛋，不多不少八斤半。""扒皮"说："你说的不对。"魏老爷没有分辩，找来了一杆秤，放在"扒皮"面前说："你

◎ 魏老爷塔 ◎

非物质文化遗产丛书

Intangible Cultural Heritage Series

凤凰岭传说

的脑袋分量，我猜得分厘不差，你硬说不对，秤最公平，割下来称一称，差一分一厘我认罚。"说完，魏老爷一手握刀，一手揪过"扒皮"的脑袋就要砍，这一下把"扒皮"吓瘫了："魏老爷，饶命吧，我给你工钱。"自此，魏老爷的名声就更大了。

不知过了多少年，入秋时节，从北边深山里飞来了一个妖怪，落在了凤凰岭上。它口吐红火，把葱绿的秀岭烧成一片焦土，老百姓妻离子散，家破人亡，纷纷求助魏老爷设法降妖。魏老爷虽经修炼，但自知道行较浅。他想起年轻时，曾受过一位鹤发童颜的老者指点，如今需要这位仙者的帮助，他心中默默地恳请见这位高人，冥冥中那位老者来到他的面前，递给他一把宝剑，让他小心行事。魏老爷执剑来会妖怪，妖怪一见是个凡夫俗子，吐出一口妖火，魏老爷把剑一挥，火化成了一丝青烟。妖怪这时觉得来者不善，便蹿出洞来，张开血盆大口想把魏老爷吃掉。魏老爷一剑刺中了妖怪的胸膛，恶妖毙命，顿时天晴气朗。这时已是白发苍苍的魏老爷走进一个仙人洞，就没见他再出来，原来他已坐化升天了。这个消息越传越远，人们都说他是个仙人，纷纷为他捐资修庙。魏老爷塑像有两米多高，身披杏黄色袈裟，大耳垂肩，弯眉憨笑，右手扶膝，左手捻佛珠，通身金黄。每年到了九月十七这一天，人们无论远近，总要上香献鞋。而摆在供桌上的鞋，一年以后，总会帮也破了，底也磨了。人们都说这是魏老爷干活时穿破的。

搜集整理：**止　敬**

魏老爷的一双鞋

　　魏老爷在做长工的时候，有一个不错的伙伴，叫张恒。张恒年轻了几岁，人也老实肯干，在三年的长工生活里他们结成了生死知己。魏老爷在即将坐化成仙的前一天，把张恒叫到了跟前说："兄弟，你我分别在即，大哥也没有好东西送你，只有老娘做的一双布鞋，你拿去穿吧。"说得张恒摸不着头脑，只好双手接了这双白底青布面实纳帮的布鞋，就下地干活去了。第二天魏老爷就不见了，一个月以后，人们在龙泉寺山上的一个石洞里发现了已坐化成仙的魏老爷。从此，当地的人们就开始募化资金修魏老爷庙。

　　再说张恒从魏老爷坐化成仙以后，对这个一锅里混饭吃的大哥一直念念不忘，唯一的念想就是这双鞋了。一天实在没鞋穿了，就把它穿上了。谁知从穿上这双青布鞋开始，张恒就像变成了另一个人，走起路来像飞一样，浑身还有用不完的劲儿，原来一天耕五亩地，现在一天能耕十亩，上山砍柴像走平地一样。更奇的是一年发洪水，洪水像天河决堤似的泻了下来。大水漫村流，水足有丈余深，张恒走在水上就像走旱地

◎ 魏老爷的石鞋 ◎

非
物
质
文
化
遗
产
丛
书

Intangible Cultural Heritage Series

凤
凰
岭
传
说

一样，把全村人都看呆了。他不仅救起了数不清的落水者，还为财主家抢回了被水冲走的牛羊。

这一下张恒便成当地的神人了，也引起了财主的注意，他就千方百计地想办法，把那双青布鞋窃为己有。正好此时凤凰岭一带狼群逞凶，大白天就成群结队地到村里来叼猪吃羊。财主见此心生一计，让张恒每晚看守羊圈，心想让狼吃了张恒自然就把鞋留下来了。不料第二天早晨张恒毛发未损，还用脚踢死了一只狼，只在青布鞋上留下了与狼搏斗时的斑斑血迹。此刻，财主明白了，想害死张恒是行不通的，只好再慢慢地想办法。这家财主家财万贯，便提出用十亩好地换张恒那双青布鞋。开始张恒怎么说也不换，后来经不住财主的软磨硬泡，就把布鞋给了财主，换回了十亩好地，回家过自己的小日子去了。

财主家自得了这双布鞋后就一日三叩首，早晚一炷香地供在佛龛上了。这年春节前夕，正是口外商号结算一年盈余的时候，财主为了显摆自己的宝贝，一不骑马二不坐车，独自一人去了口外。

开始时他的感觉很好，真是身轻似燕健步如飞，把个财主美的像喝了蜜一样。当走过宣化即将到张家口时，突然天降大雪，风如刀割，寒气逼人。此时的财主双脚似灌了铅一样，再也迈不动脚步了。真是叫天天不语，叫地地不应，就这样被活活地冻死在雪地里了。当半个月以后，家里人来运尸时，才看见财主是光着脚死的，那双青布鞋早不知到哪里去了。

开春的时候，有一天张恒到魏老爷庙去给大哥上香，在供桌上发现了这双布鞋，端端正正地摆在了佛像前。这下子他明白了，是大哥收回了那双布鞋。

因为魏老爷坐化时是赤着脚的，所以每年九月十七他生日的这一天，家乡的人都要来此庙送上一双新鞋。但是佛像前的布鞋谁也不敢动，怕得罪了魏老爷而招灾惹祸，因为财主的下场教训了所有贪得无厌的人。

搜集整理：**崔墨卿**

王三奶奶与胖和尚"争地"

北京西山凤凰岭上有座龙泉寺，龙泉寺西边有座妙峰山，山上有座碧霞元君祠，俗称妙峰山金顶娘娘庙。两座寺庙之间隔着阳台山。从龙泉寺西行，经过三十里蜿蜒曲折的山间香道，可直通妙峰山金顶娘娘庙。而今这两座寺庙均是京畿地区著名的千年古刹。

民间相传，这两座寺庙在建立之初，为了争夺建寺地盘，还发生了一段争地的故事。

传说在很久以前的一天，一个慈眉善目的胖和尚来到妙峰山顶。他四下里一看，觉得这里的风水很好，于是就想在这儿建一座"龙泉寺"。他脱下袈裟，随手放在地上。为了不被风刮起，他在袈裟上边压了些泥土。然后走下山，去召集匠人，筹备建寺。

就在这个胖和尚离开妙峰山不久，这里又蹒跚地走上来一个老太婆。只见这个老太婆站在山顶四下里一望后，顿时乐得手舞足蹈起来。

◎ 龙凤阁 ◎

凤凰岭传说

原来呀，她也看中了这块风水宝地，也想在这儿建一座"碧霞元君娘娘庙"。可当她看到放在山顶上、压着泥土的袈裟后，刚才还笑逐颜开的脸，顿时沉了下来。她明白了——这地方已经被别人占下了。

可这个老太婆并不死心，她灵机一动，计上心来。只见她随手从头发上拔下一根银簪子，掀开袈裟便放在了下面。然后自言自语道："还是我先占下的这块风水宝地呀！"

过了两天，那个胖和尚带着建寺的工匠们来到了妙峰山顶，不料想正与那个老太婆带领的建庙工匠们不期而遇。两拨人搅在一起，顿时争执起来，双方都说是自己先占下的这块地方。

只听老太婆向胖和尚发问："你说你先占下的这块地方，有何凭证呢？"

胖和尚微微一笑，不急不恼地用手一指放在地上的那件袈裟："请看，这就是我先到来的凭证！"

老太婆这时也微微一笑："别高兴得太早了！请大师掀开你那件袈裟，看看下面放着什么东西？然后你就知道是谁先来到这里的啦！"

胖和尚听了老太婆的话，一愣，急忙来到袈裟旁，小心翼翼地掀起袈裟一瞧，顿时像泄了气的皮球，一屁股便坐在了地上。只见他双手合掌，口中念道："阿弥陀佛！罪过，罪过！"原来，胖和尚看到了压在袈裟下的那根银簪子，知道了是眼前的这个老太婆做了手脚、捣了鬼，但眼前的情景让他有理也讲不清呀！

这时，老太婆趾高气扬地说道："大师呀，山顶这地方，谁先来、谁后到，自有地上的物证为凭。好了，大师快请起吧，别耽误了我开工建庙呵！"

胖和尚这时连急带气地站起身，随手将放在地上的袈裟提起来一抢，顿时，压在袈裟上的泥土便向四处飞去。胖和尚气恼地带着召集来的工匠们走下了妙峰山，直向着东北角的山方向走去。

老太婆见胖和尚带着人走了，便急忙指挥自己召集来的那拨工匠们在妙峰山顶建起娘娘庙来。不久，娘娘庙竣工了。香火倒是挺旺盛的，但只有一样不可心，那就是妙峰山顶上无水源。寺庙里的用水，全都靠骡马从山下涧沟里往上驮。这是啥原因呢？原来呀，是那个胖和尚在地上提起袈裟、往外一抡时，压在上面的泥土便洒向四周，自此以后，妙峰山山顶泥土很少，无法涵养雨水。就因为这，妙峰山下四周的山沟里到处都有泉水，而唯独山顶上没有山泉。

再说那个胖和尚，他带着工匠们来到了凤凰岭上。他见这里林木葱翠，溪流潺潺，别有一番胜景，于是便命工匠们在这里建起了龙泉寺。龙泉寺建成后，香火同样很兴旺。

沧海桑田，往事如烟。而今妙峰山上的娘娘庙和凤凰岭上的龙泉寺，都已成为京城闻名的名胜古迹和重要的文化遗产。

那么，人们不禁要问：那个建龙泉寺的胖和尚到底是谁呢？民间相传，他就是龙泉寺的开山第一代老方丈继升长老！相传继升长老坐化那天，空中祥云万里，树上百鸟啼鸣，龙泉寺众僧诵经七七四十九日进行悼念，然后由他的弟子们在寺后给他建起灵塔。时至今日，这座灵塔还依然矗立在寺院的后边呢！

那个在妙峰山顶建娘娘庙的老太婆又是谁呢？民间相传，那个老太婆也不是凡人，她就是如今依然被供奉在妙峰山顶娘娘庙里"王三奶奶殿"中的神仙——王三奶奶也！

搜集整理：**李进明**

大青和小青的传说

车耳营村有个传说，明代有两个漂亮的公主落难来到了他们村，一个叫大青，另一个叫小青，是一对双胞胎。

故事说来话长。虽说大青和小青生在皇家，按理说应该有享受不完的荣华富贵。可这对姐妹一生下来，命要有多苦就有多苦。

当她们尚在襁褓的时候，皇帝就驾崩了，年仅20岁的娘就要去殉葬。为了留住这双女儿，娘想尽了所有办法，最后终于得到应允：两个公主可以不随娘殉葬，但是必须出宫，降为庶民。

新即位的皇帝下了一道圣旨，三天之内两姐妹必须离开皇宫，如果无人领养，将和她们的娘一起殉葬。

◎ 徒步凤凰岭 ◎

当黑夜降临的时候，大青和小青的娘凑近烛火，仔细地看着躺在床上的一双女儿。难过得流下泪来，她们哪儿知道娘明天就要死了，她们从此将成为孤儿。

而此刻最让她着急的，是谁来抚养孩子的问题。这时，她的目光落在了现在唯一留在自己身边的人——一个平时不大爱讲话、没得过自己一点好处名叫傻根的太监身上。可以说，这是目前唯一可以托付的人了。

大青和小青的娘收拾了一个包袱，将一些金银首饰和一些衣服放在里面，并写了一封遗嘱放进去，然后，她走到傻根面前，突然朝傻根跪下叩头说："傻根，你是个好人！是我临死前唯一能够托付的人。今晚，我就要把大青和小青托付给你，你如果不接受我的请求，我就长跪不起。"

傻根不知道说什么好，嘴里嗫嚅了半天也没有说出一句话，慌乱之中只好俯身去搀扶娘娘。而大青和小青的妈妈依然不肯起来，再一次叩头说道："傻根！大青和小青公主拜托你了！你答应一个快要死的娘的请求吧。"

"我答应！我答应！今后我在，大青和小青公主就在！我不在，大青和小青公主也要在！请娘娘放心吧。"傻根不知从哪儿来的勇气，一口气说出那么多铿锵有力的话。

就这样，当天深夜，傻根便带着两个公主历经艰险逃出了皇宫，朝西一路小跑来到了西山的车耳营村，并在这里住了下来。

时光流逝，转眼间，他们住在山清水秀的车耳营村已经整整18年了。大青和小青都长成了大姑娘，而傻根却已经很苍老了。

长年累月，傻根日出而作，日落而息，精心照顾着两个孩子。而他们一家在村里也和乡亲们相处得很好。

这天晚上，大青和小青同时梦见一个美若天仙的娘娘向她们款款走来，并慈祥地告诉大青和小青她是她们的娘。最后，娘对她们说："孩子们，记住，娘今天来，是要告诉你们，人活在世上，要懂得报恩，要懂得去施与。你们不是一般的人，你们有非凡的勇气，所以要勇敢地面对一切！无论发生什么，都不要退缩！"说完这几句，娘娘飘然而去。

"娘！"扑腾！两个人都从炕上掉到地上，几乎同时"哇哇哇"地哭起来。傻根连忙点灯，把两个女儿一一扶起来，问："怎么了？孩子们，做噩梦了？"

"爹，是做梦了，可不是噩梦。"小青说。

"是啊！爹！我们梦见娘了！"大青接茬儿说。

傻根愣了一下，知道保守了18年的秘密终于到了该告诉孩子们的时候了。于是傻根将娘娘当初留下的那份已经发黄的遗嘱拿了出来，大青和小青迫不及待地看完遗嘱后，都像傻了一样瘫坐在炕上，一声不吭。原来，她们叫了18年爹的人，竟不是自己的亲爹。自己的亲爹竟然是前朝皇帝，自己的亲娘竟然是贵妃娘娘。这个真相一时间让姐妹俩无所适从。

傻根看到眼前的一切，心里说不出是什么滋味，转身就要离开。"爹！爹！"大青和小青几乎同时叫起来扑向傻根。

"爹，您历尽千辛万苦把我们抚养长大，您就是我们的爹啊！"大青说。

"是啊！爹！我们才是真正的一家人啊！"小青接着说。

傻根老泪纵横把大青和小青两个女儿紧紧搂在怀里，三个人抱成一团哭在一起。

正在这时，铛铛铛！传来急促的敲钟声，挂在村口的宋代大铁钟敲响了。

"糟了，村里出大事了。"傻根松开女儿，紧锁眉头说，"咱们搬来18年了，这口钟从来没有敲过。村里有约定，凡遇见重大事情，威胁全村人的生命安全时，才会敲响这口大钟。咱们快去看看！

当他们一家三口来到村口悬挂大铁钟的老槐树下时，乡亲们也都聚集在这里了。村长大声对村民们说："乡亲们！一只修炼多年的恶狼成精了，向我们正式提出，每半年就要将村里没出嫁的一个姑娘送给它。如果不从，他就将村里的庄稼全部毁掉，下大雨发山水淹死全村男女老幼。今天晚上八点，它让我们将第一个姑娘送到槐树底下，否则后果自负。"

在场人哗然。虽然各个愤愤不平、忐忑不安，可谁也不愿意将自家姑娘喂恶狼啊。

没想到这时大青站出来说：

"乡亲们！大难当头，我们得心往一处想，劲往一处使，要想办法保住全村的安全。今晚八点前我会准时到达这儿，大家都埋伏在周围，当恶狼出现的时候，大家一起上，难道我们还治不了一个畜生吗？"大青的话音刚落，就激起全村人的赞同。

"我和姐姐一起去！"小青提高嗓门告诉大伙。

"不行！你们俩谁也不能去！"傻根急了，大声嚷道。

人们顿时安静下来，看着这一家三口。

"爹，是您平时教导我们要忠心爱国、帮助乡亲，今天我们就拼了，一起为村里铲除这个祸害！"大青接着说，"但我们姐妹有个请求，如果我们无法安全脱身，请乡亲们帮着照顾我爹啊！"说完，姐妹俩给大伙鞠了个躬。而在场的乡亲们都流下了眼泪。

接下来，村长布置晚上的埋伏……

晚上，整个山村死一样寂静。

七点五十五分，大青和小青吃饱喝足怀揣利刃，来到村口大槐树下，小姐儿俩此时此刻没有一点恐惧感，只有一种为民除害的信念。

八点钟到了，恶狼精终于现身了，这是一个高达三米的巨型怪物，它看见大青和小青这么美丽的两个姑娘，伸出毛茸茸的前爪就想将她俩揽在怀里，哪想到此时大青和小青飞快地从怀中抽出利刃，照着它的要害处扎去。

"啊！"随着恶狼精一声惨叫，埋伏在四周的村民拿着武器都冲了上来。恶狼精见势不好，立刻张开血盆大口，露出满嘴獠牙，向大青和小青扑去。见状，大青和小青只好一步步后退。

"小心！"傻根刚喊出口，只见大青和小青刹那间没了人影，"咣当"一声，两个人同时掉下了悬崖。傻根发疯似的朝悬崖底下跑去，众村民围住恶狼精猛打，一会儿工夫就将它剁成了肉饼。

凤凰岭传说

村民们赶忙跑到悬崖底，傻根正搂着大青和小青的尸体痛哭。

这时，神奇的事发生了，天空中红霞升腾，彩云飘逸，万道霞光中，一只凤凰，向大青和小青飞来。而此时的大青和小青渐渐腾空而起，焕发出圣洁的光芒。

村民们纷纷趴在地上，哭着送别大青和小青腾云远去。

第二天，村民们决定给大青和小青建一座塔，让子孙永远记住她们。村民们不辞辛苦四处探寻，最后决定，大青的塔就建在村北一块巨石上，人们通常叫它飞来石。小青的塔就建在村南一块巨石上，人们习惯叫它金刚石。

几百年来，飞来石塔与金刚石塔遥遥相望，当地人相传，当夜深人静的时候，大青常常来看望小青，姐妹俩亲密无间地坐在一起聊人间往事，别有一番情趣。久而久之，金刚石塔逐渐向北倾斜，意味着姐妹俩情谊绵长。

◎ 飞来石塔之秋 ◎

搜集整理：**魏淑文**

六

柳叶梅出家瑞云庵

　　凤凰岭南线离车耳营村二里远的地方，有一座古刹，叫明照禅院。原本是金章宗狩猎的行宫——八大水院之一的黄普院。到明朝弘治年间改名"明照洞瑞云庵"。但是瑞云庵成为天下名庵却是从清代道光年间开始的，因为一位名叫柳叶梅的少妇到瑞云庵出家当了尼姑。

　　柳叶梅出生在山村，却是个不折不扣的美女，像一株美丽的水仙，婉约动人，清丽而娇媚。她嫁入了县城一个诗礼之家，公子叫陈其瑜，过门后小两口恩恩爱爱，日子过得飞快。眼见在陈公子25岁那一年，不幸父母先后双亡，陈公子尚一事无成，小夫妻坐吃山空，到了生计无着的地步。因为倭寇多年骚扰沿海，朝廷扩大军备，招兵买马准备抗倭，陈其瑜只好撇下爱妻从军。陈其瑜仪表堂堂，举止儒雅，受到将军的赏识，赏了他一个美差——令牌官。

　　两年后，平倭大军凯旋还朝，陈其瑜请假回家探亲，归途中，路经

◎ 凤凰岭远眺 ◎

岳丈家的小山村，他想：何不先拜见岳丈，明日再回家。于是来到岳丈门前，把马拴在门外柳树下，岳丈一见女婿衣锦荣归，十分高兴。进家后，陈其瑜先行大礼参拜岳丈，然后和内弟柳小虎相见，柳氏父子置酒款待。

饭后，陈其瑜掏出了十两纹银孝敬岳丈，没想到这件事引出了之后杀身之祸。岳丈柳宏一见银子红了眼顿起杀心，夜晚打发陈其瑜睡下后，便招来儿子柳小虎，柳小虎和父亲一样利欲熏心，见利忘义，当即磨刀霍霍准备半夜动手杀害陈其瑜。

三更之后，柳小虎手执菜刀拨开姐夫屋的门闩。陈其瑜多日劳乏，睡意浓重，但并未脱衣，宝剑依然随身携带。柳小虎想：我不能杀梦中人，必须叫醒他，让他死得明白。想到这里，蹑手蹑脚把陈其瑜的宝剑慢慢拔出鞘扔到屋外，然后拿起菜刀当的一声在桌子上一拍，陈其瑜顿时惊醒，睡眼惺忪地问："什么事？"柳小虎直言道："你给了老父十两银子，引起老父杀你之心，我是听从父命办事，你死后别怪我。"说着举刀就劈，陈其瑜闪身躲过，忙按腰身抽宝剑，呀！宝剑不在了。破口大骂道："两年来，我随军南征北战，东剿西杀，遇到过多少大风大浪，今天遇上了你这个忘恩负义的狗崽子！"

柳小虎年轻气盛，挥舞着菜刀劈头盖脸一通乱砍，陈其瑜赤手空拳无法迎刃，几下便被柳小虎砍杀致死，柳氏父子把陈其瑜的尸体拖至后院挖坑埋掉。

朝廷抗倭大军胜利回京，柳叶梅想：丈夫也该回来了，可是一连几天过去了不见踪影。这天夜里她做了个蹊跷的梦：丈夫骑着高头大马衣锦还乡，却在山村自己父亲家，满身是血躺在了后院。梦醒之后出了一身冷汗，一种不祥的预感袭上心头，越想越坐不住，起身出门雇了一辆马车回山村看望爹爹。进家后问起丈夫之事，老父柳宏神色慌张，一口咬定女婿没有来过，而弟弟柳小虎见面之后马上躲出去了。这父子俩的表现加重了她对那个梦的怀疑，只身到后院去看，果然是刚挖过的一堆新土。柳叶梅确信这一切肯定是丈夫给自己托梦，丈夫一定是已经遇害了。

回家后柳叶梅一张状纸告到了县衙，县官接状一看是人命关天的大事，况且是抗倭功臣遇害，那还了得。第二天县太爷坐轿出衙，前呼后拥。到了柳宏家，县太爷坐在院中询问陈其瑜下落，柳氏父子一口否认，此时柳叶梅也已赶到，要求去后院挖土验证。众人来到后院，可谓"当堂不认父，举手不留情"，父女二人翻脸对质。

县太爷一声令下，衙役开始挖土，这土是新挖新埋的，非常松软。柳小虎一见情势不妙，连忙溜出去了。挖土不到三尺，已见衣冠，此时柳宏浑身颤抖，不敢抬头。县太爷厉声高喝道："皂役们，给我看好这老狗，别让他跑了，继续往下挖！"

不一会儿，整个尸体全显露出来，柳叶梅看到丈夫土中的惨状放声大哭。人命大案已破，县太爷发号施令："缉拿凶犯柳小虎，给老贼柳宏上锁，回衙审问！"

公堂之上大刑伺候，几个回合，柳氏父子全都招认了。柳宏是主犯，判死刑上报朝廷刑部，秋后问斩；柳小虎虽是凶手，乃受其父指使，念其年幼无知，免其死罪判终身监禁。柳氏父子一杀一判，柳叶梅为丈夫报了仇。但是柳叶梅极度痛苦，这一杀一判的乃是自己的亲生父亲和弟弟，真是又憎恨又心疼，而丈夫又已遇害，故而万念俱灰，再无任何牵挂，就出家到明照洞瑞云庵当了尼姑。

岳父杀姑爷，可谓天下奇闻。从此，瑞云庵也因为这件事成了天下闻名的尼姑庵。

搜集整理：**杨正棠**

核桃谷姑娘

黄普院是凤凰岭的一个景点，在去黄普院的途中有一片长满核桃林的山谷，名字叫核桃谷。核桃树密密实实，挂满了果，煞是好看。北京有句俏皮话："西山的核桃——满仁（瞒人）"，是说西山盛产核桃，不单产量大，而且品种多，有薄皮核桃、露红核桃、节子核桃、新疆核桃、山核桃等不同的品种。以薄皮核桃栽培历史最久，它皮壳很薄，果仁饱满，取仁容易，又叫绵瓢核桃，好吃。这句俏皮话是借以比喻装模作样，自以为了不起的样子，含有嘲讽的意思。可我下面要说的这个故事，正好同它的意思相反，但确实是出自核桃谷。

早年间，在西山一带有个青年单身汉，叫董兴，父母很早就去世了。他老实憨厚，没有什么特长，就靠卖把子力气，专以砍柴为生。家中就有一根扁担一把柴刀，一口铁锅一个碗，一床破被和破褥。每天外出用不着锁门，不用担心有人进来，没有什么可拿的。董兴每天回来，

◎ 核桃谷 ◎

自己做饭、洗洗衣裳，两饱一倒，倒也逍遥。这种日子过惯了，也没有觉得缺少什么。

一年冬天，那个雪下得大啊，把屋门都封了，天气非常寒冷。遇上这种天气，董兴实在不想远走。可是近处低处的柴都让人砍光了，只能进入深山中才能弄得到柴火。眼看着家里的粮食快要光了，为了砍柴换米，天气再不好，也得出去。于是董兴喝了一碗热水，就蹚着没膝盖的大雪上路了。一路辛苦，回来的时候，已然过晌午了。董兴路过核桃谷时，发现在一棵核桃树上挂着一个核桃。他顿时来了兴致，把核桃摘了下来，也顾不得瞧，就放到兜里。到了家，董兴把身子焐暖和了，这才从兜里掏出来摘的那个核桃，细细地瞧。核桃不大，溜圆，纹路十分清楚，白白净净，在合缝处张开一点，仿佛是在笑。他舍不得吃，放在一个小木盒中。每天打柴回来，就打开小木盒，瞧上一眼，就当解馋了。

半个月后的一天，董兴砍柴回来，又冷又饿，正要点火做饭，一揭锅盖，奇怪的事情发生了：锅里盛着冒着热气的饭菜，而且香喷喷的。董兴纳闷了，赶快在屋前屋后看，连个人影儿也没看到，他索性端起饭碗吃了个饱，吃完了饭，躺在炕上还寻思这件事，还是一点儿头绪没有。第二天早晨出去，他留了一个心眼，特意把门上了锁。等到差不多昨天那个时辰回来，一揭锅盖，仍然有做好的饭菜放在里边。董兴更纳闷了！这究竟是谁做的饭呢？门上了锁，人又是怎么进来的呢？

第三天，董兴起得很早，扛上扁担，拿着柴刀，把门虚掩上，就到房子后面的山头上去了。他坐在山头上，并没有打柴，而是两眼直盯着自家的那间破旧的小土房。等了一个时辰的工夫，周围什么动静都没有，他有点不耐烦了，站了起来，正要准备砍柴去，忽然看见房上烟囱口冒出了白烟。董兴起身就往家跑，山道坑坑洼洼，也挡不住他的脚步。到了院子里，他蹑手蹑脚来到门前，猛地推门进去，看见一个美丽无比的姑娘正站在灶前做饭。董兴不客气地问："你是谁？为什么天天来给我做饭？"

姑娘似乎一点也不奇怪董兴忽然闯进来，她说："是你亲自把我带回家的呀。"董兴摇摇头说："这怎么可能呢？我单身惯了，这边的街坊谁不知道我一个人过，从来没招什么人帮我做饭。"

姑娘继续说："你想想，那天，你从树上摘个什么带回家？"董兴说："是个核桃啊！"姑娘说："我就是核桃姑娘。我看你勤劳、憨厚、善良、温顺，可打柴回来，连碗热水也喝不上，看着实在不忍心，就给你做碗饭吃，帮点忙。"董兴半信半疑地问："你说的全是实情？"

核桃姑娘说："谁跟你说瞎话？！你要不相信，我就走。"核桃姑娘说完，马上便消失了。这可把董兴急坏了，他对着门口扯开嗓子，一个劲地喊："核桃姑娘，你在哪里？如果你不嫌我穷，请你和我做个伴吧！"喊了两遍，话音刚落，只听"叭"的一声，小木盒里核桃碎了，核桃姑娘跳了出来，笑吟吟地重新来到董兴的面前。二人手拉着手，朝山北拜了天地。从此，小两口相亲相爱，勤俭持家，过起了好日子。

董兴娶了核桃姑娘，一时间，成了热闻。人们纷纷来到核桃谷，来摘核桃，幻想有个核桃姑娘上门。可是从那以后，再也没发生过，这倒不是缺少核桃姑娘，而是缺少像董兴那样质朴的人。

搜集整理：止　敬

朱仝与上方寺的传说

在驻跸山顶，曾有一座古寺——上方寺，现今仅存遗址，遗址处尚有残垣断碑记载其略。

听老人说，寺里一块汉白玉的石碑上曾刻有朱仝的名字。这朱仝是何许人呢？他就是梁山一百单八将中，坐第十二把交椅八虎骑之一的天满星美髯公朱仝。

相传北宋末年，朱仝被徽宗封为保定府督统制，而他治军有功，又随刘光世灭剿了大金，一直升到太平军节度使。

虽然朱仝英勇善战，治军有方，为官有道，赢得一方的拥护，但毕竟官场污浊，时间一久，就厌倦了，他便又怀念起在水泊梁山时的豪爽与逍遥自在了。于是朱仝在暮年时，便产生了退隐之念，想寻一好去处，褪去官袍，静心修行。

◎ 上方寺遗址 ◎

非物质文化遗产丛书

Intangible Cultural Heritage Series

凤凰岭传说

朱仝回想往昔，记起了当初灭剿大金，得胜回朝时，路过驻跸山，曾在那里歇过脚。那地方山水俱佳，又隐蔽幽静，应当是修行的好去处。于是他就又来到驻跸山考察，山上草木葱郁，静听还似有流水的潺潺之声。从此处往东看能望到很远的地方，从东而来却看不到此处，而且要绕18道弯，才能上来。朱仝便决定在这儿建一寺庙，来修度余生。

虽然朱仝已厌倦官场，但他心里依然惦念朝廷的安危，所以他在建这个寺庙时，设置了许多玄机。他把这个寺庙建成坐西朝东的三重殿宇，前殿为天王殿，中殿为大雄宝殿，后殿为三圣殿。正殿前，栽种了雌雄两株银杏树。在庙的东面一块30米长的卧石上，凿了一米余深、一方一圆的石缸石井。方为缸，圆为井，供僧众洗浴用。在银杏树西边百米之处，原有一眼暗泉，朱仝先前所听到的流水之声就是从此处发出的，建庙时他就把这眼水泉砌成了小井，供僧众骡马饮用。据说此井水绵甜凉爽，涌流不断，即使天旱无雨也不枯竭。

正庙建好以后，朱仝突发奇想：若是能从此处打通一条通往张家口外的暗道就好了，口外幅员辽阔，在那儿种些粮谷，直接从暗道运回，既方便供养僧众，也能为朝廷囤积粮草。若金兵再来进犯，直接从暗道进退岂不就方便了吗？朱仝命人从正殿下面开始挖凿这条隧道。而令朱仝意想不到的是，在挖凿的过程中，发现挖出的沙石竟然含有金子。于是他就命人一边挖，一边把挖出的沙石抬到石缸、石井处，过滤淘金。经过几年的挖凿，终于打通了这条通往口外的暗道。朱仝在隧道中还建了粮库和金库，以备不时之需。据说后人曾多次探寻此隧道，皆无果而退。

朱仝以此暗道又突发奇想：若是与周围各寺庙都有暗道相通，僧侣来往岂不方便？于是他又打通了通往各寺庙的暗道。因此，也就有了"五云托上方"之说，即驻跸山之大云寺、石云寺、宝云寺、瑞云庵及妙高峰上之法云寺。这些寺庙大多现已圮毁，唯有瑞云庵尚可辨识。但是至今无人知道当初朱仝所设暗道机关在哪里，各暗道也就成了一个谜。

朱仝建好庙宇及各个暗道机关后，就脱去官袍，来此处出家修行，做了上方寺第一任住持，法号德云。

据说当时上方寺有僧众五百，骡马百匹，其香火历行500年不断。但不知上方寺毁于何时，现在更期待有识之士恢复其原貌。

而今，在上方寺遗址处，只剩下一株古银杏树了。据说民国初期，雄树被人砍伐，只剩雌树独守在殿前，再也不结果了。

相传到元代时，此庙中有异怪出没。这时有一远来高僧，云游此处指点，要寺院出资在银杏树东北的堰岸上，修一座五檐六玲塔，做镇庙之物，必能驱怪避邪。现如今，这座历经数百年风雨沧桑的古老玲珑宝塔，依然矗立在那里。

搜集整理：**胡玉枝**

九

上方寺的和尚不化缘

在凤凰岭，从前有一座千年古寺——上方寺，现在已经损毁了。从该寺庙现存的残垣断壁不难看出，这里曾殿宇辉煌，规模宏丽。寺院坐西朝东，有天王殿、大雄宝殿、三圣殿，可惜年久荒废，殿堂倒塌，只剩下一片遗址了。在倒塌的正殿前，而今依然挺立着一棵高大的古银杏树。但在从前，这里曾并肩挺立着两棵古银杏树，树分一雄一雌。只可惜在民国初年，雄树被人砍伐，从此只剩这一棵雌树孤苦伶仃，守在这里，但它从此再也不开花结果了。

据碑文记载，该寺院从明代天顺年间至清朝道光时期这300余年中，香火极为鼎盛。一年四季，香客络绎不绝。民间相传，上方寺内的和尚最多时可达500多人。这500多和尚吃的粮食，一年少说也得十几万斤。但山下的百姓们却从来未见寺内的和尚耕种土地，也从未见到寺里的和尚下山化缘。那这寺里如此众多的和尚，一年四季到底吃什么呢？慢慢地，这一疑问便成了百姓们心中的一个谜。

一天清晨，山下村里一个姓张的猎手上山打猎，经过上方寺。他老远就听到寺里人声嘈杂，其间还掺和着牲畜的叫声，好像寺中的和尚们在搬运着什么东西。猎手急忙爬上寺后的山坡上，朝寺内观望。只见寺内北配殿后边的山根处，有一个青砖砌成的方形山洞口，一些肩扛麻袋的和尚正一个接一个地从洞里走出来。寺内的空地上，堆满了盛着东西的麻袋。还有一些和尚正用骡马往南院的仓房内搬运着这些东西。

这个猎手见了眼前的情景，心里不禁纳闷：这些和尚大清早地从山洞里扛出的麻袋，里边装的是啥东西呢？

傍晚时分，猎手打猎归来，路过上方寺，正巧与几个打柴归来的和尚相遇。猎手与走在最后边的一个熟悉的和尚搭讪："喂！我说师父，今儿个大清早你们寺里乱糟糟地忙活啥呢？"

这个和尚凑过身来神秘地悄声说道："俺这上方寺在'口外'（指张家口以北）耕种了3600亩地呢，寺院500多僧人，每天就吃掉十亩地的粮食！而今秋收完毕，新打下场的粮食，从'口外'通过寺后的山洞都由师兄师弟们背回来了，一共有20多万斤，足够寺里的人吃一年的！"

◎ 古寺遗址 ◎

凤凰岭传说

　　猎人听了，吃了一惊。他这时才闹明白：为什么上方寺里好几百和尚，一不耕种，二不化缘，却长年有吃有喝——原来寺后的山洞直通张家口外呀！寺里耕种的田地在"口外"，打下的粮食也由和尚通过山洞从"口外"背回寺里！

　　从此以后，上方寺里的山洞直通"口外"，寺里的粮食也由山洞从"口外"背回的说法，便在民间流传开去。后来，民间还传说，上方寺的山洞里出金子。寺中的和尚们轮流进洞采金，采出的金矿砂放在寺中的石缸里澄洗淘金。这样一来，寺中和尚们的吃穿就不用愁了，因而人们也就见不到上方寺里的和尚们外出化缘了。

　　到了清朝末年，上方寺便逐渐衰败下来，寺里也无和尚了。由于寺庙无人管理，天长日久便造成殿堂倒塌，从而出现一片荒凉景象。在一个狂风暴雨的夜里，滑坡的山石泥土又将寺后的山洞口淤埋起来，年头一长，人们谁也说不清这山洞口的确切位置了，更没有办法求证是否真的有山洞通张家口外了。

搜集整理：李进明

"铁胳膊张三"的传说

凤凰岭这里以前一直被当地的老百姓称为"豹窝"。因为这地方土豹子特别多，经常伤人吃牲畜。因此这里还流传着一个"铁胳膊张三"打死三只豹子的故事。

很久以前，当地的百姓过着平静的生活，日出而作，日落而息。各家都养了许多猪、马、牛、羊。有一天夜里，有一户人家的牲畜突然惊慌地嗥叫起来，这家主人连忙起身一查，看到地上有一行血迹，他和儿子骑马顺着血迹追去，看见一只凶猛的豹子正叼着一只小羊向村外逃去，小羊咩咩地惨叫着……

从此，这个宁静的山村不再安宁，夜里总能听见豹子的吼叫声和牲畜的惨叫声。村子里一片恐慌，怎么办呢？乡亲们想到了白虎涧村的猎户张三，传说张三的父亲、爷爷都是当地有名的猎手，他们的祖先是东

◎ 岭上植被绘壁画 ◎

凤凰岭传说

北大兴安岭的猎人，后来才来到北京。于是大伙儿就找到了张三，张三是个正直、豪爽的汉子，听到乡亲们的抱怨和请求后，说："大家甭着急，有我张三在，一定要把豹子赶走！"他媳妇也和乡亲们说："大伙回去吧，不要着急，张三一定有办法。"听到张三两口子的话，大家这才放下心来，回到各自的家里。

第二天一大早，张三就从附近的集市上买了15斤羊肉，他知道羊肉那股子膻味豹子从几里地之外都能闻到。他又从家中拿了把锋利的钢叉，向豹子出现的村庄走去。村庄前有座小山，是豹子下山进村的必经之地，张三在这山上找到了一个石匣，将羊肉放在石匣子里，又找到一块石板盖在石匣子的上边。准备好了这一切，他拿着钢叉跳上了旁边的一棵大树。

可不知为啥，张三一连等了三天，也没有见到豹子的踪影，没办法他只好先回了家。媳妇问他："当家的，你打到豹子没有啊？"张三道："这豹子知道我去，躲起来了。"媳妇说了："它躲在哪儿也是个祸害呀，不成咱还得想办法。"他媳妇是个东北姑娘，不但长得秀气还很聪明，她想了想："我记得咱爹说过，那豹子是不吃死食的，所以你

◎ 登岭 ◎

拿的羊肉它不吃。"张三一听，就乐了："你看我怎么没想到呀，明天我找乡亲们要一只羊去。"心地善良的媳妇说："算了吧，咱家不是还有几只羔羊吗，乡亲们已经丢了不少羊，咱就别打扰他们了。"

第二天早上，张三从自家的羊圈中抓了只羔羊，又让媳妇给羊捎上些草料，带上钢叉又来到了几天前他找到的那个石匣处。可他看到那石板已被拱开了，打开石板时，发现里面的羊肉不见了，他经过查看发现是野猪的足迹。原来野猪也很狡猾，它力气大，用嘴拱开了石匣上的石板，偷吃了羊肉。

张三把小羊羔轻轻地放在石匣中，又扔了些从家中带来的草料，这才将沉重的石板压在石匣上面，不过这回他把石板掉了个方向，让薄的一边压在石匣的中间，只要豹子踩上石板，石板一翻豹子就很难逃出石匣。

当天晚上，张三还是藏在那棵大树上，可怜的小羊咩咩地叫着，几个小时过去了，这时，在明亮的月光下，只见一大两小三只豹子轻快地从山上跑过来，朝石匣子跳去。"咣当"一声，石板翻了，将三只豹子盖在石匣子里面，张三从树上跳下来，见豹子已被石板砸伤，于是用尽全力挥拳将三只豹子打死在石匣当中。从此以后，"铁胳膊张三"挥拳打死三只豹的故事便在民间流传开了。

搜集整理：**严秋声**

张大胆打狼

　　提起早年间，要说北京哪儿的狼多，如今健在的七八十岁的老年人都知道，那时的凤凰岭地区，群山耸立，草木茂盛，处处透出原始的味道，是各种野兽生存出没的地方。野狼这种凶猛的食肉动物，自然也就越来越多。周围有四个村子，台头村、聂各庄村、梁家园村、车耳营村，在当时是深受其害的。

　　地里种的庄稼，常被狼群践踏毁坏；村里养着的鸡鸭猪羊，常被野狼偷吃掉。甚至有时连看家护院的小狗，也常被咬伤或咬死。另外，狼伤人的事也时有发生，当地老百姓人人心里发慌，个个叫苦不迭。

　　话说有两个人，记不得是哪个村的，都是壮年小伙。一个叫李老憨，人称醉鬼李，另一个人叫张连广，人称张大胆。两人本来都是老实巴交的庄稼汉，可都有一个毛病，就是好喝酒。两人又都是单身汉，所以常常凑到一起喝。有这么一天，俩人喝得半醉时，聊起狼群出没的事情。李老憨说："你听说没有？在山上神泉附近，最近狼越来越多，老百姓都叫这帮畜生害惨了。那里简直成了狼窝了，这哪成啊？咱们得想想办法！"张大胆借着酒劲，拍着胸脯说："这点小事算什么，瞧我的，不出几天，绝对把这些野狼消灭干净！""行啦，你别吹牛了，别说杀狼，你小子要是敢今天晚上一个人到神泉跟前站十分钟，我就服了你！"醉鬼李不屑地瞧了张大胆一眼，摇摇头说道。"怎么，你不信，敢不敢打赌？今晚我就去，别说站十分钟，我还装一罐水回来让你喝，让你看看我张大胆是不是吹出来的！"张大胆急了，话也脱口而出。最后两人定了赌约，敢去者为胜，不敢去为败，赌的是五顿酒钱。

　　天渐渐黑了下来，张大胆回到自己家里，酒醒了一点，越想越害怕，干脆不想去了。可又一想，如果不去，打赌输了是小事，自己脸往哪儿搁，将来怎么做人啊？

张大胆把心一狠，壮着胆子抄起把柴刀，点了支火把，加了件衣裳，推开门踏着夜色向山里走去。

　　山里的夜很凉，风吹得人脸生疼，张大胆深一脚，浅一脚，路上跌了好几跤，摔了个鼻青脸肿。还好，一路上没遇到狼，张大胆心里高兴，长嘘了一口气。眼看就要到神泉了，没想到踩在一块长满苔藓的石头上，脚一滑，重重地摔了出去。这一次，可摔惨了，两眼跌得直冒金星，嘴角、胳臂都出血了，半天爬不起来。更糟的是，这一摔，火把、柴刀都掉山涧里去了，这可怎么办？张大胆挣扎着站了起来，身子直打晃。就在这时，感觉有两只手，搭在自己的肩膀上。他以为是醉鬼李跟

◎ 寻古探幽 ◎

来了吓唬自己呢，便不耐烦地说："别——"，"闹"字还没说出口，就感觉有点不对劲了。借着微弱的月光，他觉察到搭在肩上的分明是一对毛茸茸的大爪子。张大胆这时酒也吓醒了，急中生智，身子往下一蹲，双手紧抓那对爪子，往上一拉，人再一站起，整个一只大灰狼就被他背起来了。这一切都在一两秒钟内完成的，简直不可思议，头正好顶在灰狼的下颌，狼想咬人都咬不着。原来这狼把双爪搭到双肩后，只等人回头，"咔嚓"一声正好咬断人的脖颈。还好，张大胆没回头，又来了这么一招，狼没防备，被张大胆头顶着，手拽着撑着，透不过气来，于是拼命挣扎。张大胆哪敢松手啊，拼命拽紧，借着月亮一点点亮光，迈开大步，拼命飞奔，很快就赶回家中。踹开家门，拼命喊救命，声音听起来很是吓人。父母哥嫂都起来了，一看也吓了一跳，怎么一个满身是血的活人，背了只大灰狼就进门了。听喊声是张大胆的声音，于是赶紧抄起菜刀、木棍，准备把狼打死。还是嫂子心细，上前来一看说："不用了，狼已经死了！"大伙这才松了口气，当娘的忙说道："快看看俺儿咋样了？"大伙一看，大胆浑身上下，除了有些擦伤、摔伤外，没什么大碍。只是因疲劳奔走，神经高度紧张，吓得昏死过去了。狼的两条前腿，都被他在不知不觉中，活生生地拽断了。而狼的死因，是由于颌部被他的头顶着，喘不上气，活活闷死了。

张大胆赢了，却变得不爱说话，更是滴酒不沾。乡亲们夸他，把他看成心目中的英雄，可他没有一点表示，依然沉默无语。原来呀，那里的狼没有因为张大胆除了一只，就减少了，反而更多了。直到抗日战争期间，共产党领导的八路军，应广大老百姓要求，为民除害，派了战士，全副武装，消灭了不少狼。但狼患的彻底绝迹，还是在20世纪的五六十年代。20世纪70年代以后，凤凰岭地区才彻底没有再发生狼患了。这样一来，当年醉鬼李和张大胆打赌，以及张大胆打狼的故事，提起的人越来越少，也渐渐地快被人们遗忘了。

搜集整理：**孙成柏**

车耳营的石匠

北京西山山清水秀，四季风景秀丽，物产丰富，素有北京后花园之称。

在凤凰岭山脚下，有一片神奇的洼地，据说是得了神山的庇佑。村民们在这里种下的瓜果个儿大不说，味道还特别甜美，远近闻名。更让人称道的是这里的大青石，块块平整、匀称，质地、颜色都堪称上乘，行家一看就知道是砌墙搭桥的上好石料。相传明代时，永乐皇帝正大兴土木修建紫禁城。天安门前的金水桥砌到一半就停工了，因为桥面加宽了，原计划的石料不够用了，负责砌桥的石匠李师傅心急如焚，四处寻找上等的青石。

一天，天气晴朗，一名负责找料的监工按照李师傅的吩咐带领几个小跟班出了京城，往西山来了。晌午时分，他们一行人困马乏的，便

◎ 巨石 ◎

凤凰岭传说

靠在路旁休息。这时从对面走来了一个放羊的老头，他们便要求老头带路到附近村里找些吃的。老头穿得破破烂烂的，但腰间别的一个葫芦却十分别致，葫芦口上还有一圈浅浅的花纹，寓意福在眼前。话说这老头带着一个小跟班进了附近的小山村，买了好些烙饼、玉米棒子，外带一大筐香梨，老头回头又抓了一把黄澄澄的杏，很热情地说：“不够吃的话，你们再回来拿。”

小跟班高高兴兴回到了他们休息的地方，把吃的东西拿出来，可是令他万分惊讶的是吃的东西都“缩水”了，本来有盘子大小的烙饼只有碗口那么点大了，玉米棒子也不及刚才的一半大，明明是一大筐香梨，掀开一看，梨子好像还没有长成个，一个个瘦瘦瘪瘪的。这到底是怎么回事呀？他们一行牵着马顺着刚才的路找放羊的老头来了。

老头这会儿正在村口的大白果树下悠闲地躺着，小跟班见到老头，万分委屈地问道：“刚刚买回去的东西怎么全部都‘缩水’了，这哪够我们吃的呀？”

老头用手摸了摸腰间的葫芦，笑眯眯说道：“这会儿看看，烙饼、香梨都够吃了吗？”

他们低头一看，全傻眼了，手里头所有的东西像变戏法似的，一眨眼工夫，都长大了一倍。这下他们知道遇到了神仙，“扑通”一声跪在老头跟前，大声说道：“求神仙指点迷津，实不相瞒，紫禁城外金水桥的石料还差一半呢，我们正奉命四处找青石呢，李师傅非常着急，已经几天都吃不下饭了。”

老头慢条斯理地说：“叫你们李师傅自己来西山一趟，就能解决了！”

“小的这就打道回府。”监工说完，站了起来，骑上马一溜烟往北京城去了。回到皇宫，将事情经过一五一十向李师傅禀告了。

第二天一清早，李师傅就带着头一天的一班人马，出现在那村头的大白果树下。一见这棵大白果树，李师傅的神色有些异样，小时候的他身世很苦，只记得家乡闹蝗灾，他被卖来卖去，最后被南城一户姓李的人家收养，养父是一个石匠，他从小跟着养父做小工，久而久之，学会了一手砌墙弄砖的好手艺，长大后凭着这个手艺进了皇宫。但李师傅至今不知道自己生身父母是谁、他们还是否健在，只模糊记得被卖的时候，母亲把他放在一棵大白果树的下面，养父有一次说自己家乡有可能在西山一带，具体在哪里他也说不明白。

李师傅正在白果树下转来转去，可昨天的那位老头一直没有露面，他们找村民一打听，村里头倒是有一个放羊的老头，姓车，住在村西头，无儿无女，只有一个老伴，眼睛几乎瞎了。

于是一行人找到了村西车老头家里，老头放羊去了，家中只有一个老太太，步履蹒跚地干着家务活。李师傅上前开口说："老人家，您今年高寿？家里有几口人啊？"老太太回答说："哎，原来有一儿一女的，闹蝗灾那一年都没了，造孽啊！"

"怎么没的呀？"李师傅问道。

"女儿饿死了，怕儿子也被饿死，就卖给别人家了。我儿子要在的话今年整四十了，他是11月份生的。"老太太说。

"那您还记得您儿子长什么模样吗？"

"小时候眼睛大大的，鼻梁高高的，右耳垂后有一颗黄豆大小的

◎ 秋色 ◎

肉痣。"

"啊！"李师傅身体颤抖了一下，他不由自主地用手去摸摸右耳垂，他知道自己那儿正有一颗黄豆大小的肉痣，还有今年他正好40岁。

这时候人群里突然响起了昨天那位腰间别葫芦的放羊老头的声音：

神山下面出石匠，石匠中途别人养；

母子失散终有时，青石回归金水桥。

原来李师傅便是老两口的儿子，随着李师傅一起来的几个跟班发现了老太太屋子后头的青石，运回去后搭建天安门前的金水桥，不多不少，刚刚够数。老太太找回了自己的儿子，一高兴，眼睛又重见光明了，而李师傅又改回了自己的本姓——"车"。

搜集整理：萧 娟

十三

长工因病识柴胡

很久以前，凤凰岭车耳营村附近有个财主胡大户，雇着一个姓柴的长工，人们都叫他"柴哥"。柴哥在财主家干了三年，累得骨瘦如柴。这年夏天的一天，早晨起来，柴哥就觉得一阵冷一阵热，热时浑身发烫，冷时寒战不止，什么也不想吃，全身乏力。听一位老人说，这叫"冷热病"，他想歇两天也许就好了，便想向财主请假歇工，那个胡大户浑身都是心眼，怕柴哥死在自己的家中，便想借着这个因由，把他赶出家门。柴哥实在没处去，无奈中只好央求道："老爷，您知道我无家可归，现在又得了这病，您叫我上哪儿去呢？"

胡大户皮笑肉不笑地说道："我知道你很能干，我也想用你。过去，你给我干一天，我供你三顿饭，稀的干的都有，说得过去吧？现在你不能干了，我哪有白养活你的道理？"柴哥虽然没有力气多说话，可是到了这份上，不说不行啊，于是回敬道："您待我不错，我在您家干了几年的活，别人都说我有一把子好力气。现在我病了，您便把我赶出门，让附近的庄户怎么看您？厚道一点人缘宽广，如今您这么对我，究竟好不好，可以让大家评评理！"

胡大户自知理亏，但仍想打发他走，便改口道："这么着吧，你先到外面住几天，等病好了再回来。行不行？"

柴哥勉强拖着沉重的身子走出大门，顶多走了一里多地，就觉得浑身发软，两腿酸痛，一头便昏倒在一片杂草丛生的坡上。不知过了多长才醒来，只觉得饥饿难忍，连站起来的力气都没有。凭借淡淡月光，他爬到田边，看到有一种开黄色小花的植物，饥不择食，便把它连根拔起，在水塘里涮了涮，大口大口吃起来。一连几天，他都以此充饥，七天之后，他不仅没有饿死，身上也有劲了，冷热病竟也好了。

柴哥的病好了之后，又回到胡大户家。胡大户原以为柴哥会病死在

◎ 游山路 ◎

荒野，便皱着眉头说："你怎么又回来了？"柴哥回应道："老爷，您不是说我病好了就回来吗？"胡大户只好说："你的病既然全好了，那就下地干活去吧。"

柴哥见胡大户没再说什么，喝了口水，扛着锄头就下地干活了。

说来也巧，差不多过了半年，胡大户的独生子也得了冷热病，病情和柴哥一模一样。宝贝蛋生了病，胡大户心疼极了，急得他到处请郎中，看了几天也没治好。他的儿子，也就五六岁，整天哭哭啼啼，原来是小胖子，几天的工夫，就变成了瘦猴儿。胡大户着急坏了，脑子里净想儿子的病。想着想着，忽然想起来柴哥，他连忙上地里去找柴哥。胡大户说："坐下歇会儿吧，你跟我说说你生病的时候，吃的什么药治好的？谁给你看的病呀？"柴哥说："老爷，我一个穷小子，哪有钱请郎中呀，是自己治好的。"胡大户听此话猛地来了精神："快说说，你是怎么治病的？"柴哥把事情前后说了一遍。胡大户赶忙说："这么着，地里的活，今儿让别人干，你马上到原地去挖你吃的那种草根，煎汤给少爷喝。等少爷病好了，你再下地。"

胡大户的小少爷一连三天服了柴哥挖来的药，病情一天比一天轻。胡大户高兴了，晚上还给柴哥添了一个菜。他说这草药可是好东西，不该没名，得给它起个名字，想来想去，因为这种类似烧柴的草药是柴哥发现的，自己又姓胡，所以就取名叫"柴胡"，也算两全其美。

柴胡这种中草药的应用极其广泛，具有解热、镇静、镇痛、消炎等多种作用。1939年，不少战斗在山区的八路军患上了流感等疾病，当时，药品供应困难，医务人员便上山采集柴胡，并用它熬汤给病员口服，收到了很好的效果。

搜集整理：**止　敬**

灵芝女

很久很久以前，在凤凰岭的南天门一带，住着一对穷苦的夫妻，就靠在山上挖点药材换点粮食。虽说那年月药材十分便宜，但量大，药材质量均是上乘，所以对付着生活是没问题的。令人着急的倒不是日常生活，老两口都是50多的人了，结婚20多年，还没个一男半女。日也盼，夜也盼，老夫妻想，没办过缺德的事啊，怎么老天爷就不给赏个儿女呢？为这事伤心，经常睡不好觉。

初秋的一天，老头子又上山挖药了。他越过四条沟，爬过五座山，花了半天的时间，挖了满满一背篓药材。在回来的路上，在一个四面通风、八方向阳的山坡上发现了一支又红又大的灵芝。老头子高兴极了，采了这么多年的药，还没有碰上过灵芝呢。灵芝为药食两用的仙草，自古以来，它还被认为是美好、吉祥的象征。当年秦始皇到

◎ 玉兔石 ◎

处要找的就是这种长生不老的仙草，今天碰上了它，说不定预示着什么好事呢！这下好了，卖掉灵芝，至少三五个月不愁吃喝。老头子小心地挖出灵芝，兴冲冲地赶到了家里，此时看到的却是自己的老伴躺在了炕上。

他急切地呼唤老伴，她虽有知觉，但说不清楚话。救人要紧，老头将好不容易挖来的灵芝煎药汤给老伴吃了。到底是不易得到的灵芝，过了几天，老伴的病就好，更让他们惊喜的是，50多岁的人，居然怀了身孕。老两口有说不出来的高兴。

十个月后，老伴生下来一个又白又胖的小女孩，老来得女，夫妻俩看得比金子还贵重，真是含在嘴里怕化了。因为是吃灵芝怀上的孩子，于是他们就给孩子取名叫灵芝女。

一眨眼过了17年，老两口也年逾古稀了，灵芝女出落得像天仙一般。高个子，高鼻梁，大眼睛，长头发，一笑俩酒窝。家里家外，一把好手，提起灵芝女没有不夸奖的。上门提亲的人络绎不绝，最后老两口选定了一个能干、漂亮的小伙做女婿。小夫妻百般恩爱，侍候双亲非常孝顺，一家子日子过得十分美满。

平地无云风雷起，温暖气候忽报寒。这年，皇帝要选妃，谁愿意把女儿往那深宫里送呀？所以一听说这个消息，很多姑娘都早早逃跑了。灵芝女住在深山里，又是有丈夫的，她怎么也没想到会选到自己头上。可官府听说她长得出色，硬要她应选。

这一天，县官带来一大批人，要灵芝女跟他们走，灵芝女对县官说："麦子熟了不能再发芽，我已经有了丈夫，怎能再做皇上的妃子呢？"县官说："被选为妃子是女子的福分，谁不盼着进到皇宫里去？再说了，皇上的话说一不二，就像山上滚下来的石头，哪有石头再滚回去的道理？"双方争执不下，灵芝誓死不从。县官一看这阵势，劝说是没用了，干脆吩咐动手抢人。灵芝的父母、丈夫哪里肯放，于是就打成了一团。三个人哪是官兵的对手，老两口硬是被活活打死了，灵芝的丈夫一斧头砍断了官兵的一只手臂，却也被官兵一阵乱刀砍死了。灵芝女仰面喊天，天色昏暗，乌云滚滚，闪电大作；灵芝女俯声叫地，地动山摇，树木狂吹，房倒屋塌。她一把撕碎了皇帝的圣旨，纵身跳下了深渊。突然一声炸雷山响，劈死了县官。随后当地的老百姓看到雾开云散，晴空万里，从山底升上一股祥云，托着灵芝女向天上飞去，而她仍然像往常一样那么美丽潇洒、正气凛然。

搜集整理：止　敬

十五

樵夫的奇遇

　　早年间，凤凰岭一带有个说法，就是打柴人"阴天下雨不上山，一个人单独不上山"。意思是说阴天下雨山上路不好走，出现意外时，一个人对付不了。可就偏有不信邪的，聂各庄有个叫王二的，小伙子仗着自己年轻力壮，在一个阴天的清早，一个人上山打柴去了。他很快就打了一大捆柴火，然后就在一块石头上歇歇。歇了会儿，打算背起柴火回家。可当他把胳膊伸到绑绳里，一背，竟然没背起来，这点柴火放平时，一点也不算事，今儿是怎么了？又试了试，还是没背起来。这时就听见背后有人说："我帮你托一把吧。"王二一回头，没看见有人，四下一看连个人影也没有，这下王二心里可毛了。突然他感到有人从背后托了一把，幸亏他反应机敏，抽出胳膊往旁边一闪身，只听见哗啦啦一声，那捆柴火连同底下的大石头，一起滚下山沟了。真悬呀，要是人掉

◎ 凤凰岭关帝庙 ◎

非
物
质
文
化
遗
产
丛
书

凤凰岭传说

下去准得摔死了，这下吓得王二撒丫子就往家跑，连鞋丢了、衣服破了、脸划流血了都不知道。到家后，一病不起，没过几天就一命呜呼了。自打那以后，再也没人敢一个人在阴天下雨天上山打柴了。

很多年以后，人们渐渐忘了这件事。台头村的李二宝和聂各庄村的赫老三是表兄弟，这天两人约好去上方寺南边的山坡上打柴。早上天气就有点阴。爬到南山坡要过一条沟，这条沟很隐蔽，平时很少有人去。这俩人也够胆大的，越是没人的地方，就越爱去。两人过了沟，就开始往山上爬，爬着爬着，两人就走岔了。李二宝爬到南边去了，而赫老三就到了西北面。南边不太陡，而西北面山势特陡，只能扒着石缝往上爬。李二宝先爬上去了，就叫赫老三从他那边上，赫老三看这面实在不好上，就答应着往李二宝那边走。他站在原地辨别了一下方位，然后往下走，下边是一条沟，沟两边草木非常茂密。过沟往上爬，有两棵小树夹着一堆动物的尸骨。再往上就能到一个缓坡上。赫老三左手拽着一把荆条，右手拿着镰刀往上一钩，没钩到地，也不知碰到什么了，只听到"当"的一声金属碰撞的声音。这声音是从地底下发出来的，非常清脆，它穿越山谷，回荡在山峦之间，绵绵不绝。赫老三抬头一看，只见一个一尺来长，大茶杯一般粗，通体黑色的物件。这物件在与镰刀碰撞的一瞬间，自动转了一个个儿，它的口就对着赫老三了。赫老三赶紧一跃上来了，凑近了细瞧，是一个花瓶形状，口部圆形，底部有宫雕花纹，约一厘米厚，通体黑色，做工精细的法器。赫老三伸手一抓，想把它拿起来，没想到这个悬放在45度坡面的物件，竟然纹丝没动，好像有根儿似的。赫老三心里就有点嘀咕了，也没敢再动它。就在赫老三愣神的工夫，又听见嘎嘎嘎三声好像机关转动的声音，从山体腹部发出，很是震撼，同时这个黑色物体又自动转回去了。赫老三见了，不敢再在此久留了，赶紧顺原路退回。你说怪吧，刚才怎么也绕不过去的路，这会儿很轻易地就走出来了。到底下，李二宝已背着柴火在等赫老三了。此刻天已擦黑儿了，赫老三只好空着手和李二宝一起回家了。一路上赫老三也没告诉李二宝他所遇之事，因为他知道李二宝有些气盛，怕和他说了，当时他会做出什么莽撞事来。

过了几天，两人又一起聊天，赫老三才把那天所遇之事告诉了李二宝。这个二宝呀，果真是个沉不住气的人，听完了，非得拉着赫老三再上山看看去，看看那到底是什么宝物，想法给它弄回来。赫老三实在拗不过，就和李二宝又上山去了。到了以后，他们却怎么也找不到那天那个地方了，周围的地形地貌都不一样了。李二宝还说赫老三是不是记错地方了？那东西是不是让人弄走了？赫老三说："不可能，这地方我记得很清楚。你看，这不，这堆动物的尸骨还在呢。再说这地儿除了咱俩能来，别人谁还找得着呀。可这地形地貌确实和前几天不大一样了。"二宝也觉得不会是别人弄走了，地形也是不太一样了，当然他们也没再看见那个物件了。从此，那个物件的去向就成了一个谜。或许又应了早年间的那个讲令儿了："阴天下雨不上山，一个人单独不上山。"

搜集整理：**胡玉枝**

凤凰岭人物传说

第六章

凤凰岭风物传说

宫殿脊上骑凤仙人的由来

北京宫殿屋脊上均有一排动物，排列的顺序是龙、凤、狮、海马、狎鱼、狻猊、獬豸、斗牛、行什和骑凤仙人。最后一位骑凤凰的仙人是谁呢？这要从金朝说起。金章宗是位风流皇帝，他的爱妃李妃是一个才女。有一年八月十五他们在琼华岛的瑶光殿吟诗作乐，章宗说了个上联："二人土上'坐'。"李妃马上答道："一月日旁'明'。"章宗大喜，夸李妃才华出众。李妃说："正因我偎身于圣上身旁，才得此荣光。"次年他们生下一女，章宗赐名为明月公主。

这明月公主不但和李妃一样聪明美丽，而且喜好音乐，会吹箫，再经宫廷乐师指点，就更是精上加精，闻名宫廷内外。章宗为明月公主在西山专门修建了一座凤楼，让公主有个优雅的环境专门钻研音乐。有一天，明月公主正在凤楼上临窗吹箫，箫声悠扬响彻天际。忽然空中似有和声飘来，隐隐约约，若远若近。明月公主心中诧异，就停下来听，

◎ 盛夏道德峰 ◎

那和声也随之而停，只有余音袅袅不断，越发感到悦耳动听。明月被这乐声搅得心烦意乱，茶不思、饭不想，只是呆呆地向天空张望。太阳下山了，弯弯的月亮挂在了天上，浩瀚的银河中，一颗星星变大变亮，然后变成了一只凤凰，凤凰身上骑着一位吹笙的英俊少年，直来到凤楼窗前。明月打开窗户，少年和凤凰进到了屋里。

少年说他的名字叫青风，是玉皇大帝的十三子，曾奉旨与明月在天庭为玉皇整理乐谱。时间长了，俩人就产生了爱情，玉帝发现后把明月打入人间成为公主，青风被压在望儿山下成了潜龙。如今，17年已满，玉皇答应把他放出来，与明月再续前情。明月不知是真是假，于是请他吹一曲听听。青风吹笙，明月吹箫，二人的曲子合起来使凤凰起舞，百鸟齐鸣，堪称天籁。一个时辰后，青风起身告辞。第二天，明月公主把昨晚的事禀告了金章宗，章宗大喜，马上派人到望儿山去找青风。御史在望儿山前摆上香案，供上高香，只等青风现身。高香烧了一天一夜不见动静，明月公主沉不住气了，亲自点燃了三支香，对着望儿山说：

"天宫不许谈俗事，人间俗事天安排，

笙箫合奏情人曲，留予凡尘福自来。"

说完这四句话，明月公主拿出箫来吹。这时清风徐徐，漫山遍野响起了和声，在场的人听后均如痴如醉。这时，云端中飞来一只凤凰，上面坐着吹笙的青风。他把明月公主抱上凤凰，两人一块飞走了。飞到哪里去了呢？他们落在了凤凰岭，不愿回天宫受天规约束，也不愿意到皇宫受礼教羁绊，过着非神非贵的凡人生活。这让金章宗和李贵妃十分想念，派人到凤凰岭去找，让他们二人回皇宫享受荣华富贵。任凭派去的人怎么喊，山里也只听到山乐缭绕，遍找无人来应。章宗没有办法，只好暂在山下驻跸，等待明月和青风的到来。春天来了，满山桃花，只听桃花丛中的歌声响：

"不羡皇宫不羡仙，但求夫妻永团圆，

箫笙合奏度日月，你恩我爱共千年。"

金章宗久等公主不来，只好回中都了。后人将他住过的院子叫黄普院，后又改称为明照洞瑞云庵，意思是希望明月公主光临。金章宗完颜璟思女心切，命人把青风骑凤凰的形象雕成像，制成琉璃塑件镶在房脊上，以表示他时刻盼望明月和青风回宫之心。

这就是皇宫屋脊上为什么雕仙人骑凤的由来。

搜集整理：**赵　书**

凤凰岭的豹子

从前，凤凰岭这地方由于常闹豹患，百姓们便管这里叫"豹窝"。不少进山砍柴的人去了以后再没有回来。为了对付凶猛的豹子，猎人们在凤凰岭主峰下面，挖了一个陷阱，专门设夹子捕捉伤人的豹子。凤凰岭下台头村有一个姓常的后生，被别人叫作才大，自幼父母双亡，靠吃百家饭长大成人，因身无一技之长，只好靠进山砍柴卖柴谋生。一年深秋的一天，常才大又进山砍柴去了，在离豹窝100米左右的一个石窝里，发现了一只垂死的小豹子。这只小豹子出生还不足半月，又饿又冷，路都走不稳了。常才大想母豹子一定是被猎户们捉走了。看到这奄奄一息的小豹子，常才大动了恻隐之心，就把小豹子抱回了自己的三间破房里。

回到家中，小豹子饿得嗷嗷直叫，喂它食物它还不会吃。常才大急中生智，正好他养的一只大黑狗刚下完崽还不到一星期，他就把小豹子

◎ 凤凰岭景色 ◎

放进了院内的狗窝里，而大黑狗就将小豹子和自己的小狗崽一起喂养。

转眼间几年过去了，小豹子在常才大的精心照看下逐渐长成了一只成年豹。开始时村里人还不知道常才大养了一只豹，待豹长大以后，街坊们都有点害怕，就劝常才大把豹杀了或放了，以免伤人。常才大虽然舍不得这个自己养了多年的伙伴，但经不起乡亲们的议论，就在一次进

◎ 雄起峰 ◎

山砍柴时把豹子带到了凤凰岭的最高峰，趁豹子玩耍之机，自己悄悄溜下了山，台头村又恢复了往日的平静。

一年以后，一个风大雪猛的黑夜，当常才大正在呼呼睡大觉之际，猛然听见有人敲门，他急忙披衣下炕，打开了屋门，只见那只豹子口衔一个人站在门外。常才大伸手一摸，那人身上尚有温热，就急忙把人抱进屋里的热炕上。到了灯下一看，把常才大吓了一大跳，原来那只豹子衔来的是一个冻僵的女人，看起来年纪不过20多岁。此刻常才大只好为女人盖上自己的破棉被，又烧了一盆开水为其取暖，直到天亮那女人才苏醒过来，看到自己躺在一个陌生人的炕上，既感动又不好意思。经常才大盘问才知道女人是外地人，逃荒来到这里，因饥饿又遇到大风雪，故而晕倒，自己都不知道怎么到了这里。

常才大问明缘由以后，对姑娘非常同情，倾其所有为她调养身子。一个月后，姑娘的身体彻底恢复了健康，原来是一个长得非常漂亮的姑娘。他们一个未娶，一个未嫁，就水到渠成地成了一家人，过起了和和美美的小日子。

婚后，常才大仍然以砍柴卖柴为生，夫妻二人你敬我爱。一天，常才大又进凤凰岭的大山深处去砍柴，黄昏将近时，他正挑着一担柴往山下走，突然从附近的山沟里蹿出来十几只狼，挡住了常才大的去路。就在这千钧一发之际，忽然狼群里蹿出一只矫健的豹子，它上蹿下跳，三两下就把狼群给赶跑了。常才大定睛一看，驱赶狼群的豹子就是当年他救活养大的那只。常才大得救后，回家便把发生的事讲给了妻子听，夫妻二人对那只豹子感恩不尽。

常才大家发生的故事一时传遍了凤凰岭附近的山村，一只豹子知恩图报，既促成了常才大的美满姻缘，又救了常才大一命，成了家喻户晓的美谈。

搜集整理：**崔墨卿**

寺倒自修、银藏西沟的传说

相传有一年夏天，凤凰岭一带雨水多，雨淅淅沥沥地下了个把月。黄普院旁边的妙觉禅寺因为年久失修倒了好几间庙舍，殿里的佛像都露在外边。和尚们便拿些稻草盖在佛像上面。老方丈看在眼里，十分着急。

这天晚上，方丈派小和尚到龙泉寺去把魏老爷请来。魏老爷来后，方丈忙请他坐下，跟他说："下了这么多天的雨，我这寺里墙倒殿塌，满寺的和尚都急得不得了，真没一点办法了。今儿请您来，是想让您帮我出出主意，您看我们怎么办才好啊？"

魏老爷是个热心人，不论谁有困难，他都乐意帮忙。这时他不慌不忙地说："咱们这一带有好几家财主，尤其是山下的聂老爷素来是寺里固定的大施主。大殿倒塌，他能看着不管？请他施舍一笔银子，不就行了嘛。"

◎ 月上龙泉寺 ◎

方丈说道："聂老爷去年就得病死了，现在聂家是大公子管事。这大公子整天就知道吃喝玩乐，从来不进寺院，更别说施舍了。"

魏老爷又说："咱们这里不还有几家财主吗？"

"唉，"老方丈叹了口气说，"那几家财主本来就不如聂家有钱，又向来乐善好施，前年大旱，他们施钱施粥，你说还能剩几个钱？就是他们想帮忙，恐怕现在也没这个力量啊！再说，我们也不好再打搅人家。"

看到方丈为难，魏老爷说道："既然这样，我好好想想，明天到山下走一趟，一定想办法为佛爷重修殿宇就是了。"

第二天一早，魏老爷便来到了聂家，正待迈步往里走，看门的便上前拦他。谁知道，他们的手刚碰到魏老爷，身体就不受控制地甩了出去，咣地撞在大门上。他们还没回过神来，魏老爷已经走进院里去了。

聂大少爷正跟几个狗腿子在院里斗蛐蛐，魏老爷先冲聂公子作了个揖，说："贫僧是山上龙泉寺里的和尚，现暂居在妙觉禅寺参禅。老员外在的时候，常给寺里布施。近来雨水多，寺里殿塌墙倒，贫僧想请聂公子施舍银两修补大殿。"

聂公子听了很不耐烦，丢下二两银子，让手下人送客。魏老爷并不生气，一边往外走，一边说："公子，贫富天定。是你的，谁也拿不走；不是你的，任你怎么留，也留不住。"

魏老爷走后的一天晚上，聂公子梦见死去的聂老爷满脸怒容，用手指着他的鼻子大骂："混账东西，你不知积德，魏老爷让你出钱修庙，是帮你赎罪。阎王本要拿你性命，亏得我苦苦求情，才允许再给你一次机会。如今，还不知悔改吗？"聂公子惊恐之下醒了过来，第二天，他把梦里的事情讲给母亲和媳妇听了，结果，她们也梦到了同样的事情。

聂公子认为，这是父亲给自己的警告。于是他下定决心，痛改前非，忙命人备马，聂公子又带着母亲、妻子到妙觉禅寺里拜佛、烧香。见过方丈后，自愿留在寺里帮忙，监督大殿维修。很快，塌陷的佛殿、围墙都修好了。

凤凰岭传说

之后，聂公子还把父亲留下的万贯家产全部捐给寺里，以求度化。而魏老爷算到50年后这里会遭遇洪灾，到时寺庙还会受到损害，方圆50里内也会遭受水患。便叮嘱方丈和聂公子将捐出的银子分装到几个瓮中，埋到寺旁西沟的山洞里，等到有事，再挖出来用。

不久，方丈去世了。几年后，魏老爷在山上的石洞里坐化。聂公子因为全心行善，得以善终，76岁那年无疾而终。自此，当时参与在西沟埋银的几个人全部离开了人世。

50年后，凤凰岭一带突降大雨，方圆50里内顿成泽国，寺庙、民房倒塌无数。新方丈急命众僧将寺里积存的米拿来架锅煮粥，对聚到寺里的数百村民施粥。但是，人多粥少，没几天，寺里的米缸就见了底，这下子，连和尚们也都没得吃了。

这时从人群里走出一位老人，说殿基上一块石头是从他们家里挪来的，当时没有给钱，现在要搬走。方丈只得答应让他搬走。

老人弯下身子，那块大条石竟然应声而起，老人随即搬起条石径直向外走去。众人见此情景，知道老人不是凡人，便紧跟在他的身后向外走。只见老人搬着条石，来到一块空地上，将条石竖起来用力往地上一杵，那条石一下子陷进地面一尺多，变成了一座石碑。石碑上不知何时出现了一些字迹，众人仔细一看，上面写着："寺倒自修，银子一沟，不在东沟在西沟。"大家都纷纷猜这几句话的意思，这时，一个村民站出来，说："以前，我到西沟打柴，发现有个山洞经常往外冒云彩，往里看又看不清深浅，一直没敢进去。难道那一沟银子就在那山洞里不成？"

大家都觉得他说的有道理。于是，这个村民便带领大家向西沟走去。来到他说的山洞前，方丈让人点起几支火把，往洞里照。洞倒不是很深，只是云雾缭绕，看不甚清。

几个村民拿着铁锹往下刨，刚刨了没多深，铁锹好像碰到了什么。他们小心翼翼地用手把积在表面的土石挪开，发现竟是一瓮银子，而后又刨出两瓮。

方丈带人把挖出的银子抬到寺中，派人用银子到城中买米。几日后，洪水退去，方丈便集结工人修建倒塌的寺庙建筑，寺庙修好，瓮里的银子正好用完。这时，大家终于明白了石碑上那句"寺倒自修，银子一沟，不在东沟在西沟"的意思，而大家也相传，那个老头就是魏老爷，他显灵了。于是，魏老爷显灵和西沟藏银的故事就传开了。

到如今，凤凰岭西沟里还不时飘出白云，那块"寺倒自修，银子一沟，不在东沟在西沟"的石碑还依然立在妙觉禅寺的遗址里，仿佛在给人们讲述着这段故事。只可惜，好端端的一座妙觉禅寺，在1941年秋被日军烧毁了。

搜集整理：**樊志宾**

宫圈的传说

非物质文化遗产丛书

Intangible Cultural Heritage Series

凤凰岭传说

很早以前，聂各庄村西有个地方叫"墙圈子"，占地约有100多亩，里面长满了数不清的酸枣树。这儿的地，不是方方正正、一望无边的平地，它就像层层梯田一样，由一块块的地阶子相隔，地阶子全部由石块码得规矩、整齐圈起来的，俗称"墙圈子"。一到秋天，树上就挂满了红通通的小酸枣。这"墙圈子"里的小酸枣酸甜可口，远近闻名。

这天，天气格外晴朗。秋风吹过，送来阵阵野草、野花、野果的馨香，给人们带来了几许欣喜与欢畅。

几个城里打扮的爷们儿来到这里，围着"墙圈子"转来转去。一位穿着长袍的中年人对其中的一位长者模样的人说："六爷，这块地方，您看中意吗？"

"李先生，您给我们说说这块地方，我们对风水一窍不通。"被称作六爷的人抻抻帽子，转过身来客气地答道。

◎ 水面云海 ◎

京城著名的风水先生李亚光胸有成竹地对六爷说："这个地方是块宝地啊！不过，丑话说在前头。您要是决定买这里做墓地。您可别怪我，不能给您点正位。"

"不能点正位？为什么？"六爷不解地问道。

李亚光沉默了一会儿低沉地说："我会变成瞎子"。他边说边打个冷战，这冷战就像传染病一样感染了在场的每一个人，一股凉气顺着后脊梁骨呼呼地蹿上来。

"这么说吧！您说说这块地方给我们李家带来什么好处？至于您今后不管瞎还是不瞎，我们让您吃香的喝辣的，衣食不愁，给您养老送终。"六爷态度明朗，不拖泥带水。

"既然有六爷这句话，我就说了。六爷，您家自买下这块风水宝地后，每辈将出一位文武大臣进皇宫，侍奉皇帝，光宗耀祖！这墙圈从此也就改称宫圈啦！"

"哈哈！如果这样，亚光！我决不会亏待你！"六爷信誓旦旦地说道。

第二天早上，李亚光还没有起床，六爷就来到了他家，后面跟着一行人端着各种金银财宝，李亚光喜出望外，他知道这些东西够自己享用一辈子了。

于是他当即对六爷说："您就看好吧！六爷！我立即就办！"

不到一个月的时间，一个敦实、壮观的围墙就建成了，此地也由"墙圈子"改名为"宫圈"。

一晃，30年过去了，当年名震京城的李亚光已经是风烛残年。自给六爷修好墓地后，他的双眼真的瞎了，原本挺拔的腰板也变弯了。

看到李亚光变成这副模样，他媳妇可就变了脸，不仅不照顾他，竟然还狠心地卷了李亚光所有的积蓄跑了。

李亚光走投无路，陷入了绝境。有人给他出主意："你是为六爷家看风水瞎的，他不会不管你啊！你去找找六爷吧！

李亚光只得费尽周折来到了六爷家。却被告知六爷去年就过世了，六爷的儿子出来见了李亚光，对他说："你找我爹？我爹早就上西天

了，你上西天去找吧！金银珠宝我家也没有少给你！说罢，让手下人将李亚光推出大门。

李亚光从六爷家回来就一病不起，双目失明，又不能劳动，他只得沿街乞讨。这天，他走在大街上，因为体力不支，晕倒了。

不知过了多久，李亚光在恍惚之中似乎听到有人叫："师父！师父！"他好不容易睁开眼睛，看见一个长得浓眉大眼的中年汉子正在给自己喝水。这才认出这是自己20多年没见的徒弟姜大刚。师徒相见，喜不自禁。大刚看到当年意气风发的师父落得今天这样，心疼不已，听到师父讲述完自己的遭遇后，更是对六爷儿子忘恩负义的行为火冒三丈，发誓要教训教训他。

又是一年的清明节，六爷全家来到宫圈祭祀。六爷的儿子给六爷上好供品，点上香，喃喃地对父亲说："爹！原来给咱家看墓地风水的那个人，真成了瞎子，找上咱家门了。我怕他以后再来纠缠，就将他赶出去了。"

"大胆！李亚光是咱们家的恩人，哪有赶出之理，你这是败坏咱们家的名声，干出如此缺德的事。你是不是不想让我的孙子进宫做官，光宗耀祖了！"这时传来了六爷的声音，吓得六爷的儿子趴在地

◎ 盘山道 ◎

上抖如筛糠。

"爹，您老别生气！回头我就给李亚光赔不是！"

六爷的儿子不住地向着墓地捣蒜似的磕头。

回来后，六爷的儿子给李亚光送来了吃的用的。从此，李亚光过上了衣食无忧的日子，安度了晚年。

搜集整理：**魏淑文**

聚宝盆的传说

关于上方寺的和尚的传说有很多，而我要讲的这个传说与一个小和尚有关。

寺院里的和尚各有各的分工。有砍柴的、担水的、做饭的、扫院子的，还有喂狗的。

有一个喂狗的小和尚，只有十一二岁，有点贪玩又粗心大意。为了这个老和尚可没少训斥他。

这一天老和尚心不顺，正巧小和尚又把狗盆弄坏了，老和尚气急败坏地对小和尚说："自从你喂狗以来，你打碎几个盆了，早该教训你了，不然你总是不长记性。今天在吃饭前，你必须把狗窝给抹好了。要是抹不完，晚饭就别想吃了。"

看起来师父是来真的了，于是小和尚忙拿起铁锹到寺院外取土和泥。他一边挖着土，一边想，如果有一天我能找来个铁盆就好了，省得

◎ 雪后龙泉寺 ◎

老碎。挖着挖着，竟然真的挖出了个盆，虽然是个跟现在一样的普通的盆让小和尚有些失望，但又一想，有总比没有强，省得师父又为狗盆的事教训我。

于是，他高高兴兴地拿着盆跑到师父面前，说："师父，找到狗盆了。"师父连头都没抬，漫不经心地说："找到就找到了，放回去赶紧干活去吧，不然你晚饭就别想吃了。"小和尚觉得很扫兴，把盆拿到了狗窝，又继续干活去了。天黑前他终于把狗窝抹好了，这才允许他吃饭。

早晨，小和尚照常给狗端了满满一盆食。可是当他晚上再去给狗端食时，却发现狗食还是满满的一盆，他有点疑惑，是不是狗生病了，准备再观察观察。可是到了第二天早晨，他发现狗正大口大口地吃食呢，可是盆里的食却一点都没见少。小和尚觉得更奇怪了，但转念一想，自己不用天天端食少了很多工作，心里还很高兴。

这一天，老和尚路过狗窝，无意中发现狗盆里剩下不少狗食，而且满得都快溢出来了。老和尚认为小和尚偷懒，气得火冒三丈，迫不及待地找到小和尚，老和尚听完小和尚的诉说，心里打起了小算盘。他支走了小和尚，自己急不可待地来到狗窝，只见狗正狼吞虎咽地吃得正香，

◎ 银杏秋色 ◎

而狗盆里的食果真一点都不见少。他暗暗想，难道这就是人们所说的聚宝盆吗？

于是，老和尚趁夜深人静，悄悄把这只狗盆取来洗干净。然后，取出一枚铜钱放到盆里，只见盆里出现满满一盆的铜钱。老和尚欣喜若狂，又从箱子底下翻出来藏了好久的一锭银子放到盆里。此时此刻老和尚真不敢相信自己的眼睛，他的眼前出现了满满一盆的银子，他拿起来摸了摸，又用牙咬了咬，这才放心。

这时已经是四更天了，老和尚决定赶紧趁天亮前，把盆和银子都藏起来。他急匆匆拿起铁锹，来到寺院后面的一片小松树林，挖了坑，把盆和银子放入坑里埋好。又仔细检查一遍，这才放心地离开。

第二天，小和尚发现狗盆不见了，慌里慌张地跑来报告师父。老和尚小声对他说："盆没有了，师父再给你找一个，这件事千万别跟任何人说，不然人家该说你撒谎了！"小和尚听老和尚这么一吓唬，忙说："师父我记住了，不会去说的。"老和尚这才放心。

半个月过去了，没有人提起这件事。老和尚渐渐放松了警惕，就准备把这个聚宝盆取出来。

这一天天刚蒙蒙亮，老和尚就悄悄来到小松树林。可这时他怎么也找不着当时埋盆的那棵小松树了，因为这些树大小都差不多少，又是夜晚慌里慌张埋的，何况这段时间又下了几场大雨。到底在哪里呢？急得他在小松树林里乱跑。这时他只觉得天昏地转的，随即晕了过去……

直到早晨一位上山砍柴的樵夫发现了老和尚，他这才算捡回一条老命来。

从此以后，老和尚再也不贪财了，他总算明白一个道理：不义之财不可取呀！后来他常常对弟子们讲：出家人心中不能有邪念，命中有的不用急，命中无有莫强求。

而那只聚宝盆就这样销声匿迹了。

搜集整理：**常 敏**

"金牛拉磨"的故事

在凤凰岭南边的山中，有一道高大的石壁。因石壁上裂开的横竖几道缝隙所构成的形状，酷似两扇紧紧关闭着的大门。所以，人们便管这个地方叫作"石门"。提起"石门"来，还有一段"金牛拉磨"的有趣的传说故事。

相传在很久以前，石门旁边的山坡上，住着一户人家。这家主人在房后种了一片小菜园。这年夏天，一个专干取宝营生的南方人经过这里，他远远望见小菜园中闪出了一道金光，好奇不已，于是赶忙走进菜园里细细察看起来。

且说这园中种着一架黄瓜，其中有一棵黄瓜秧子长得特别茂盛，而虽说这黄瓜秧很长，但只结了一条粗壮无比的黄瓜。

这南方人看到这根大黄瓜，立时两眼放起光来。原来刚才那道金光就是从这儿发出来的，真是无价之宝啊！南方人急忙找到菜园的主人，

◎ 凤凰岭雪景 ◎

凤凰岭传说

要求用一两银子买下这根黄瓜。主人见这个南方人为买一根黄瓜愿出一两银子的高价，感到很奇怪。便随口说："一两银子就想买我的黄瓜？要十两才卖！"没想到南方人满口答应。主人见随口一说就又赚了一笔，马上就要动手摘下那根黄瓜。南方人见了急忙拦住。告诉他要等到七七四十九天以后才能摘，到时候一手交钱，一手摘瓜。

日子转瞬间就过去了，七七四十九天很快临近。

这菜园的主人越想越奇怪，实在不理解这黄瓜怎么能卖十两银子，他又想坐地起价，于是急忙来到菜园里，顺手就将那根黄瓜摘了下来。

到第四十九天，南方人果然来了，他从怀中掏出十两银子放在主人面前，说："言而有信，我今天来摘瓜了！"

主人把银子推回来道："这钱我是赚不了了！昨天夜里来了个小偷，把我的菜都偷走了，还有那根黄瓜，也被偷了。

主人把南方人引到菜园里，一看，果然那根黄瓜不见了，就连那棵瓜秧也已枯死啦！

南方人见状不禁仰天长叹一声："完了！一切都完了！这真是天意呀！老兄现在我也不瞒你了，这一条是打开一座宝库大门的金钥匙啊！真遗憾……"说完，他头也不回地走了。

主人暗暗庆幸自己留了这么一手，可是这座宝库在什么地方呢？他忽然想起房后的山沟里的那座"石门"。这会不会就是那个人所说的那座宝库的大门呢？他想来想去，决定晚上去试试。

他来到石壁下，找到石门，借着明亮的月光伸手将那根黄瓜朝石门中间的缝里插去。只听"轰隆"一声巨响，两扇大石门果然打开了，他步入洞中，惊得闭不上嘴，洞里金光闪闪，堆满了金银珠宝。他顿时欣喜若狂，高兴得忘乎所以。洞库中间还安放着一盘金磨，一头金光闪闪的金牛拉着磨，他想把这最值钱的金牛拉走。可无论他怎么使劲，一点都拉不动。这时突然刮起一阵狂风，两扇大石门慢慢地关闭，吓得这主人急忙连滚带爬地朝外跑去。当他刚刚跑出洞外，只听咣当一声，身后那两扇大门便紧紧关死了！他惊得出了一身冷汗。暗想：真是好险，差点出不来！

主人什么财宝也没捞着，觉得好丧气。这时他借着月光一看，刚才他的那根黄瓜已经被石门夹碎了！这时他才恍然大悟，怪不得那个南方人说要等到七七四十九天才能摘。提前一天摘下，这黄瓜都顶不住那两扇坚实、沉重的大门啊！

贪财的主人弄巧成拙，真是后悔不迭。

从此，石门内"金牛拉磨"和金银财宝的事，便传扬开了。可是人们再也找不到那把能打开这座石门的金钥匙了，因而也就再没有人能够打开过这座石门了！

多少年过去了，而"金牛拉磨"的神奇故事却依然在民间广为流传。

搜集整理：**李进明**

七

悬空寺的传说

凤凰岭西边有一座建在两山之间的悬崖峭壁上的寺院，殿底悬空。后又传说这座寺院有一天忽然腾空拔起、升入云端。人们便管这座寺院叫"悬空寺"。

传说在很久以前，悬空寺里住有一老一少两个和尚。老和尚在寺内整日坐禅诵经，小和尚整日挑水打柴干杂活。日复一日，年复一年。小和尚很是勤快，老和尚也很满意。转眼又到了一年春天。这几天，老和尚发现小和尚有些贪玩，小和尚原先一上午能到山下沟里挑回三趟水，现在只能挑回一趟水。老和尚便张口盘问起小和尚来。小和尚告诉师父，这些日子他上山时，总会碰上一个光屁股穿红肚兜的胖小子，和他一玩起来就把时间给忘了。

老和尚听了以后觉得很奇怪，这荒山野岭的山中哪里来的小孩？他突然想起：听人说，山里千年的老参成了精就会成为棒槌娃娃，这会不

◎ 凤凰岭初夏 ◎

会是颗千年的老参呢？而且人们还说，人若吃了千年老参变成的棒槌娃娃，就能成仙。老和尚想到这些，高兴得连觉也睡不着了。

第二天，小和尚上山打柴，临走时，老和尚取出一根针和一团红线球交给他。告诉他，今天再碰见那胖小子时，偷偷地把这团红线用针别在他的红肚兜上。小和尚接过针和红线球，点头答应了一声便走了。

到了傍晚，小和尚才背着一小捆柴火回来，并告诉老和尚，今天和胖小子一起玩的时候，已经把穿了红线的针，悄悄地别在了他的红肚兜上。

老和尚听小和尚如此一说，心里简直乐开了花。他告诉小和尚明天好好看寺院，自己要出门去拜访朋友。

这一夜，老和尚又是高兴得一夜没合眼。他恨不得立刻将棒槌娃娃弄到手，好吃了它以后返老还童、长生不老、成仙得道。

天刚蒙蒙亮，老和尚便轻手轻脚地起了身，朝山沟里奔去。

老和尚走到水泉边，看到了他昨天交给小和尚的那团红线球，现在这线球已经滚得很小了。老和尚大喜过望，顺着红线朝前走去。一边走，一边绕着手里的线球。这会儿，太阳刚刚从东方露出头，旭日的金光轻轻地洒在这片小树丛上。只见树丛正中有一棵一人来高、与众不同的植物。它的叶子绿油油地发着亮，它头顶上的一穗小红花放着光。这正是一棵成了精的千年老参啊！老和尚喜不自禁，在这棵千年老参的四周破土开挖起来。果然从土里挖出了一个胖胖的棒槌娃娃，那穿着红线的针还别在娃娃的身上呢！老和尚急忙脱掉身上的袈裟，将棒槌娃娃裹了起来，跑回了寺院。

老和尚悄悄来到厨房，将棒槌娃娃放进蒸笼里，随着又引着柴火烧起火来。

小和尚起床之后，老和尚对他说："我现在要出门，在我没回来之前，你千万别动蒸笼！"

小和尚点了点头，老和尚不放心地往外走。原来，老和尚有一位师兄，是对面妙高峰上法云寺的长老，老和尚想把老友请来，一起品尝棒槌娃娃，共同成仙。

非物质文化遗产丛书 Intangible Cultural Heritage Series

凤凰岭传说

老和尚出了山门走了没多远，忽然又转回头，急急忙忙朝寺院奔来。原来老和尚不放心，他生怕自己不在家，小和尚在家中把蒸笼里的棒槌娃娃偷吃了。他回来一看，小和尚还在悠闲地扫着院子。小和尚便问师父还有何事吩咐。

老和尚擦了把汗，叮嘱道："锅上的蒸笼，我不回来，你可千万别动啊！"

小和尚听了，答道："知道啦！师父赶快上路吧！"

老和尚这才又转身出了山门。

小和尚扫完了院子，见厨房灶火里该添柴了，便走进去烧起火来。

出了山门的老和尚，走了没多远，越想越不放心，于是又奔回寺院。等他到了山门外，偷着往里一瞧，小和尚在厨房里！他以为小和尚一定是背着他偷吃棒槌娃娃，这还了得！老和尚三步并两步急匆匆直奔厨房。等他到了跟前一看，原来是虚惊一场！只见小和尚若无其事地往灶火里加着柴，烧着火。再看看灶火上的蒸笼，还是原样，丝毫未动！老和尚张大了嘴巴，喘着粗气半天没有说出话来。

小和尚猛然见到师父又慌里慌张地跑回来，而且魂不守舍，不觉心里犯起疑来。

老和尚喘着粗气，结结巴巴地告诫说："我……我不回来，你……你可别……可千万别……别动蒸笼！"

小和尚默默点了点头，起身送师父出了寺院。他望着越走越远的老和尚的背影，心中不觉升起疑惑：蒸笼到底蒸的什么东西呀？我偏偏要瞧瞧锅里蒸的是啥东西！小和尚想到这儿，急忙回到厨房，伸手便掀开了蒸笼的盖子。

小和尚伸头往蒸笼里一看，不觉大吃一惊！这不是每天和我一起玩耍的那个胖小子吗？他随手用筷子一拨拉，咦？原来这个小胖小子不是肉长的呀！小和尚夹起一块，放到嘴里一尝，嘿，又香又甜真好吃！怪不得师父想背着我偷偷地蒸着吃呢？

小和尚越想越生气，一气之下，三下五除二便全都吃光了。吃完以后，他气呼呼地回到房里，倒在床上生起闷气来。

老和尚请到师兄后，心急火燎地带着师兄赶回寺院，进了厨房一看，差一点气晕过去！他最最担心的事终于发生了！他望着空空的锅，好似遭到了五雷轰顶。震怒之下，他直奔小和尚的住室冲去！

小和尚这会儿见师父手持禅杖直冲自己而来，知道大事不好，急忙逃出室外。老和尚哪肯罢休，抢起禅杖拼命追打着。小和尚此时已无处可躲，情急之下，一跺脚便朝空中跃起。谁知小和尚吃了那棒槌娃娃，现在早已成仙。他这一跃，平地上便刮起一阵狂风，整座寺院凌空拔起，冉冉升入云端。

而原来寺院的地基，变成了万丈深渊。老和尚和他的师兄由于是肉体凡胎，便跌落下去。

成了仙的小和尚便随着寺院升到天空中去了。后来民间便传说，每当天上出现火烧云时，在半空中，人们能隐约看到一座庙宇的轮廓，那便是升上天空的悬空寺。

搜集整理：**李进明**

大黑山洞里的冤魂

　　大黑山是京西阳台山麓中著名的一座山峰。在大黑山上，有一个自然形成的山洞，洞口虽然不大，但洞内却挺宽阔，能容纳上百人。从洞口向里看去，里边黑咕隆咚，漆黑一团，阴森可怖。人们称这个山洞为"大黑山洞"。

　　而今，提起这个山洞，附近的百姓们便会念叨起百十年前死在这个洞中的四十几条冤魂来。

　　相传在清光绪年间，天下大乱，民不聊生，八国联军乘机打进了北京城。慈禧太后一看形势不妙，于是急忙带上光绪皇帝逃出京城，到西安避难去了。八国联军这伙强盗在京城里到处烧杀抢掠，无恶不作，并且还冲进了故宫和颐和园。八国联军抢掠了大量的奇珍异宝、古玩字画、金银玉器之后，还放了一把大火，烧毁了圆明园。

　　在这场八国联军的洗劫中，一帮汉奸也乘机和洋人勾结起来，趁火打劫，大发国难之财。民间百姓们痛恨地称这些汉奸为"二毛子"。

　　八国联军撤走以后，汉奸们没了靠山，于是便成了过街老鼠，人人喊打。由于他们窃得了大量的稀世珍宝，做贼心虚，于是他们四处逃窜，躲藏起来。这时，民间的义和团便四处追击这些携带财宝、四散奔逃的汉奸。

　　一天，义和团首领听说有一帮汉奸逃向了北京西山，于是派出一拨人马追杀而来。他们追到了西山上的车耳营村以后，不光没见到汉奸的影，就连当地百姓也没见到。原来呀，这车耳营村交通闭塞，几十户百姓世世代代都以打猎、种地为生，两耳不闻山外之事，因此这里简直跟世外桃源一般。这天突然听说来了一帮骑着大马，持刀舞枪的人，吓得百姓们急忙弃家而逃，钻进了大山。

　　义和团在村里转了半天也不见人影，于是又朝山上搜来。当他们搜索到大黑山上时，突然听到狗叫声，接着又发现了一个山洞，狗叫声就是从山洞里传出来的。他们以为洞里边藏着汉奸，于是便大声朝洞内喊叫起来，喝令里边的人统统出来。

义和团发现的这个山洞就是大黑山洞，而里面藏着的是40多名车耳营村的男女老少。听到洞外有人大喊大叫，不光洞里随着逃难的狗狂叫不止，就连洞内的小孩子也被吓得哇哇大哭，但不管义和团的人怎么叫喊，洞里的人就是不敢出来。

义和团的一个头目从怀中取出三根香插在地上，点燃后跪下说："苍天在上，义和团杀洋鬼子、打汉奸的忠心天地可鉴。而今您的子民有一事不明，这就是这个洞中所藏之人到底是好人还是恶人？一时真假难辨，特请苍天指教，望给指引。如果洞中是良民，就让香火燃烧，如果洞中是恶人，就让香火熄灭吧！"说完，他磕了三个头。

可谁知过了没多会儿，点燃的香火就熄灭了。其实呢，这时正值农历七月，阴雨不断，天气潮湿，点燃的香火熄灭是很自然的事。然而，这个义和团头目此时却不这么认为，他认定这是上天的指引，洞中所藏之人全是汉奸无疑。于是他立即下令将洞口堆满柴草点燃抛进洞内，同时命手下人不停地向洞内扇风、灌烟。

◎ 大雄宝殿 ◎

就这样，不一会儿工夫，听到从洞中传出阵阵惨叫和哀号之声，又过了会儿，洞中便悄无声息了。可怜那藏在洞中的40多名男女老少，全都在这烟熏火烤之中上了西天，成了千古冤魂。

义和团头目此时见洞中无了声息，便率领着手下的这帮弟兄扬长而去了！

光阴飞转，而今，每当人们谈起大黑山洞时，总会想起当年烧死在洞中的40多个冤魂。据说前些年，有些胆大的汉子钻进洞去，还见到了一具具朽骨遗骸呢。

搜集整理：**李进明**

九

大黑山洞蛇蝎的故事

　　大黑山顶上有一个天然洞穴，口小内大，深险莫测。民间相传，大清宣统年间，这里发生了一件蛇蝎害人的离奇故事。

　　那时，在离大黑山洞不远处，住有一户人家。这家户主名叫李文甲，在山西拜师经商，家中有母亲、妻子赵氏和两个男孩，这两个孩童一名崇武，一名尚文，家业不大却也衣食无忧。赵氏每日除了种地养鸡，就是尽心侍奉婆婆，十分孝顺。这年八月中秋节，李文甲回家过节，妻子特意为李文甲杀了一只老母鸡，煮得香喷喷的端上来。赵氏安排妥当后就出门去找两个在外玩耍的孩子。李文甲和母亲先吃起来。半个时辰李妻回来了，这时李文甲放下杯筷，手捂肚子疼痛难忍，婆婆也说肚子难受，赵氏慌了手脚，顾不上吃饭，忙扶李文甲进屋躺下，又把老婆婆背进屋揉按肚子。然而这一切都无济于事，傍晚时分，

◎ 岭上云雾 ◎

李文甲及其老母双双毙命。两口人死了，这事非同小可，一时间轰动了山村，惊动了县官。第二天，县官亲带人马来验尸，验查结果母子俩是中毒而亡。

县官认为饭菜是赵氏做的，毫无疑问她是嫌疑犯，于是立即对赵氏严刑拷问，赵氏不堪酷刑，屈打成招，问奸夫是谁，赵氏随口胡说是表兄张学立，县官马上把张学立抓捕归案。张学立平白无故遭受冤枉，当然不承认，无奈遭受一番酷刑之后，也只好招承。这样，他便与表妹赵氏一同被投入大牢。人命关天、案情重大，县官呈报朝廷刑部，只等秋后批文下来就开刀问斩了。可谁知天有不测风云，还没等到秋后，这清朝便灭亡了。这样一来，原来的县官卷铺盖一走了之。而张学立、赵氏二人则被关在死囚大牢，既无人敢放，也无人处斩，落了个待查，便无人过问了。

李文甲的两个孩子，自母亲入监便成了孤儿，靠外公外婆照顾。而二老因为女儿遭受冤屈，忧愤成疾，先后去世了。崇武、尚文弟兄二人只好相依为命，靠打猎为生。

花开花落，年复一年，崇武已经20岁，尚文也已18岁，都长成了大小伙子。这年又是中秋佳节这一天，中午饭弟兄俩又炖了一只鸡，又把方桌摆在了当院海棠树荫下，兄弟俩看到一缕细丝从树上掉进了盛鸡肉的盆里，尚文顺着细丝向上看，发现了树枝上有一条蛇，细丝是那条蛇的唾液。尚文用筷子从盆中夹了一块鸡肉扔给了狗，狗一口就吞了，很快在地上打滚就死去了。尚文大叫道："是条毒蛇！"一个箭步蹿到屋里去拿枪，兄弟俩紧追大蛇，那蛇向大黑山洞逃去，兄弟俩端着猎枪向洞口一通扫射，然后靠近洞口一瞧，不禁大吃一惊。只见一只头如碗大，身肚像簸箕，全长五六尺的大蝎子已中弹而亡。而那条毒蛇也被打死了。

至此，二人才知道当年父亲中毒身亡的原因，于是，来到县衙为母亲、表叔申辩冤情。就这样，赵氏和张学立才被放出大牢。崇武听乡民讲蝎子是珍贵药材，于是背起背筐将大蝎子倒装在筐内，想要把这蝎子卖给北京城里的同仁堂，当他走到同仁堂门口时，他感到筋疲力尽，向墙上一靠就断气了。同仁堂的伙计赶忙请医生来一看，是毒气伤身，可见这蝎子的毒性之大。

可怜赵氏和表兄白白蒙冤坐牢15年。而最后李家只剩下赵氏和二儿子尚文母子二人了。

搜集整理：**杨正棠**

"大风口的葛针不带钩"的传说

　　在凤凰岭的南侧，有个地方叫大风口，千百年来，各地的香客都是沿老北道经过此地才到达妙峰山进香的。北京周围山区的葛针都长着刺儿，刺底下还长着一个倒钩，这是众所周知的。可大风口一带的葛针就是光长刺儿，不长倒钩，您说怪不怪？这其中还有个故事，一直流传到今天呢！

　　话说明朝天顺年间，有一年的农历四月十五是烧香的日子，英宗皇帝决定化装成百姓带着娘娘去进香。那天一大早，皇帝和娘娘只带着几位武术好的贴身侍卫来到了驻跸山凤凰岭下。

　　那时正是春天，京城四周的百姓纷纷而来，有去妙峰山进香的，也有全家老少去西山踏青的。都想从老北道去妙峰山。那时山路并不宽，路也不平坦，又是人、又是马、又是轿子的，所以路上十分拥挤，走走

◎ 金秋凤凰岭 ◎

停停。皇帝与娘娘坐的轿子也走不快。皇帝是个急性子，他说这是什么地方啊？侍卫们说："听说此地叫大风口。"皇帝说："咱不坐轿子了，叫娘娘也下来一起走走吧。"于是侍卫们也都下马步行，陪着皇帝和娘娘上山。

皇帝和娘娘就随着上山的人群在大风口向山上走去。正巧这时候一阵春风刮过来，风把大伙儿的衣带呀、围巾呀、裙子呀都吹起来了。那路边到处都是葛针，上边长着不长的倒刺儿，娘娘的衣裙既漂亮又柔软，山路边的葛针就把娘娘飘飞着的裙子给钩住了。那娘娘可娇贵惯了，吓得她大声叫唤："万岁爷呀，快救救我，我的裙子叫什么东西给钩住了。"皇帝一听就急了，对侍卫和太监们说："你们快点帮助娘娘呀，快点儿！"可娘娘是金枝玉叶，下边的人哪敢碰啊，所以皇帝喊归喊，没有人敢上前动手。这回皇帝可真急啦，嚷道："你们都是木头呀，快点儿帮助娘娘啊。"最后还是总管太监壮着胆子，扶着娘娘把她被钩住的裙子给弄出来了，并将那株有罪的葛针连根拔出来，扔到皇帝跟前。总管太监说："请万岁爷处置吧。"皇帝搀扶着受了惊吓的娘娘气愤地说："葛针啊，今天你可是犯了大罪，吓坏了娘娘！从明年开始，朕令你们这一带的葛针都不许长那钩人衣裙的倒刺了，你们快接旨吧！"

您说怪不怪，从第二年起，在大风口往西一带的葛针就再也没长过倒刺儿了。

搜集整理：**严秋声**

凤凰岭风物传说

"大炮"的故事

"大炮"是一种大型烟花，"过大年，放大炮"是凤凰岭一带山民多年的习俗。每年腊月，小年一过，由村里大户出钱，各家出人，在村头麦场上，搭起大木架，再把"大炮"固定在木架上。除夕夜，全村老少聚在一起，辞旧的钟声响起的时刻，点燃"大炮"。一声巨响，火焰冲天，火树盛开，鞭炮齐鸣，好不热闹。

凤凰岭有一座千年古刹龙泉寺。龙泉寺南侧不远处，有一个小山村。村中有两家大户，褚家和刘家。据说，大炮就是褚家的曾祖褚友祥发明的。

友祥年纪很小的时候，父亲过世，母亲决意靠自己把孩子拉扯成人，始终未嫁，没白天没黑夜地辛勤劳作，省吃俭用，让孩子读书、识字、习武。小友祥是个孝顺懂事的孩子，抢着干活，十几岁就担起了家

◎ 云雾笼罩下的凤凰岭 ◎

◎ 玉兔石近景 ◎

庭的重担。

一天，友祥正在山上砍柴，吃草的小山羊突然惊慌地跑了过来，只见不远处有一只狼正在扑咬一只小白兔。友祥捡起一块石头砸了过去，狼吼了一声，丢掉白兔，扑了过来，他紧张极了，双手握住砍刀，猛地一挥，狼的脑袋就开了花。友祥抱起受伤的小白兔跑回家，母亲找来外伤药，敷在小白兔的伤口上，再到菜园里拔了一把水萝卜给白兔吃。就这样，白兔的伤很快就好了，友祥非常喜欢它，还给它起了个名字——"玉兔"，每天带它一起上山，一起玩耍。

一天，半夜电闪雷鸣，友祥醒来，发现玉兔竟然变成一位漂亮的姑娘。他又惊又喜，赶紧请来母亲，姑娘见到老人，跪在地上，说出了自己的身世。

原来，玉兔跟着嫦娥一起下凡人间，是要拜访正在吕祖洞修炼的吕洞宾大仙。途中过来几只野兔，玉兔便和它们一起玩了起来，忘记了时间。嫦娥回月宫时找不到玉兔，无法将她带回。

说到这儿，玉兔姑娘流着泪，恳求母亲允许她留下照顾家人，报答母子二人的救命之恩。母亲拉着姑娘的手，默默地点了点头。

凤凰岭传说

说来奇怪，自从玉兔姑娘来到这个家，粮食丰收了，果子更鲜了，全家的日子越过越好。

天有不测风云，这一天，电闪雷鸣，风雨交加。玉兔姑娘浑身发抖，病倒了，变回兔子模样。母子俩精心照顾，直到雨过天晴，玉兔才恢复人身，却终日愁眉不展。经母亲多次询问，她才告诉家人。嫦娥接到玉皇大帝的命令，招玉兔回月宫。玉兔说："我先回月宫，请求嫦娥开恩，准许下凡。几天就回来。"

天上一天，地上一年，玉兔一走就是数年。母子俩天天想，夜夜盼，万万想不到，嫦娥只允许玉兔来人间向亲人告别，短短的相聚变成了永远的分别。这天，一家人互相搀扶着，来到老爷山，一朵彩云飘来，带走了玉兔姑娘。母子俩望着天空，欲哭无泪。一阵风吹过，天上飘来一块白纱巾，落在一块巨石上，就变成了玉兔石，望着山村，望着亲人。

友祥思念姑娘，白天上山砍柴与玉兔石做伴，夜晚看着月亮发呆。母亲很难过，开导儿子说："比起玉兔姑娘，我们还算幸运，想她的时候还可以看见她，你要想个办法，做个大灯，过年时，让玉兔姑娘看见自己的家。"

友祥苦苦思索，实验了七七四十九次，终于做了一个巨大的烟花，乡亲们称它为"大炮"。除夕夜，大炮照亮了玉兔姑娘日夜想念的家园，月亮上的玉兔高兴地蹦来蹦去，山上的玉兔石则感动得流下了泪水，汇聚成甘甜的"神泉"。

今天，人们都说，友祥母子早已去月宫与玉兔姑娘团圆了。可是玉兔石还在，神泉还在流淌，"过大年，放大炮"的习俗也一直延续着。

搜集整理：王奕龙

小黄旗的故事

清光绪年间，凤凰岭雄狮峰脚下的一个小山村，有一家从江南迁来的外来户，主人姓解名天宝，与老母亲艰苦度日，相依为命。为了减轻母亲的负担，把地让给别人种，请了伙计开个小店，卖些山货、鲜果和针头线脑，同时还备有便餐、热茶，接待去妙峰山的来往香客。

有一天，店铺里来了个身穿破旧长衫、书生模样的人。一进门自称是北安河刘公公，要赊一顿饭。母亲忙吩咐伙计热茶热饭伺候。他狼吞虎咽一口气吃完，顺手抓了一把鲜红的樱桃吃了起来。伙计白了他一眼说："我家从不赊账……"话还没说完，天宝制止了他，并端起一大盘樱桃，放在刘公公面前。刘公公吃饱喝足，临出门前，回过身来说："今天公公到妙峰山拜佛，赊你家一顿饭，后会有期。"

几个月后的一天，几个侍卫前呼后拥一座轿子来到小店。落轿后，刘公公从轿里走了出来，让随从取出一面黄缎子云纹图案的小旗对天宝说："这旗是皇上赏赐你的，还不谢恩。"母子俩急忙跪下谢恩。刘公公又说："今天我是来还情的，那顿饭，还有那盘樱桃，咱们两清了。"

原来，刘公公是光绪帝的近身侍从，慈禧太后为独揽大权，实行"清君侧"，刘公公才出宫讨吃、拜佛。几个月后，慈禧太后去承德避暑了，皇帝才又把他

◎ 一览众山小 ◎

招进宫。

自从挂起了小黄旗，小店远近闻名，人气大增。刘公公也常关照店里的生意，宫里需要的鲜果，如红樱桃、京白杏，都让小店备货。天宝总是保质保量及时送到。

小店的生意越来越红火，每次送货的队伍上路，天宝为应付各种关卡的阻拦总是带上小黄旗。

刘公公的家乡北安河，是凤凰岭人去赶大集的必经之地。北安河和凤凰岭的人关系处得不太好。双方经常为过路一事发生争执。

有一次，天宝送货路经北安河，眼看两边就要动起手来，天宝急中生智，从怀里拿出小黄旗，跟大家说："这旗是你们刘公公送的。"北安河人都知道小黄旗的来历，于是解除了关卡，凤凰岭赶集的人们顺利上路。

从此以后，小黄旗就成了过北安河的路牌，经常看到天宝这个村的山民们在小黄旗的引领下，排成一串长长的队伍，一起赶路，凤凰岭其他村的人就没那么方便了。

后来，凤凰岭23个村的代表商量一起出人，教训北安河人。天宝对自己村的乡亲们说："北安河人不是洋鬼子，不能打，我们山里人够辛苦了，这样打来打去，冤冤相报何时了。"最后，天宝说服了村里人，不参战。可其他村却决定，择日攻打北安河。

决战那天，双方怒吼着，眼看着要发生广场流血冲突，千钧一发之际，只见天宝手擎小黄旗，快马急驰而来。随着旗子舞动，一只黄色大鹰从天而降，巨大的翅膀掀起狂风，搅得黄沙扑面，尘土满天。双方只得休战，各自收兵。大鹰盘旋几圈，落在老爷山上，久久不愿离去，变成了石鹰峰，守护着大山两侧的和平与安宁。

后来，在天宝、刘公公和龙泉寺高僧的调解劝说下，双方终于和解了，并在石鹰峰下签订了世代友好的盟约，永不再战。

搜集整理：**王奕龙**

护生草的传说

清朝光绪年间，华北地区大旱。地里干得裂了许多大大小小的口子。粮食颗粒无收。驻跸山附近的百姓没有办法，年轻的为了活命纷纷离开家乡，到外地去打工或者要饭。车耳营村中的几十户人家也是如此。年轻人走了，村中只剩下一些老人和带孩子的妇女，大概有20多人。

村里剩下的粮食很快就被吃光了，眼看就要断粮了，乡亲们的心中非常着急。有一位姓刘的村姑将丈夫临走前留给自己的粮食给了大家，可没过多久，那一百多斤粮食也吃完了一半。

为了帮乡亲们熬过这次灾荒，刘村姑每天天不亮就去山里挖野菜，日头快落山了才背着一篓野菜下山。回到家中又和几个姐妹生火做饭、洗野菜、做野菜粥给大伙喝。这样又带着大伙撑了一段时间。

这天刘村姑又早早地起来了，因为村子周围的野菜都挖光了，她不得不到更远的山里挖野菜。她走呀走，在翻过一道山时，因为过度劳

◎ 凤凰岭双彩虹 ◎

累和饥饿，一下子就昏倒在山路上。当她被一阵山风吹醒时，发现自己躺在一片软乎乎、绿油油的野菜地里，身边的野菜发出阵阵扑鼻的清香。刘村姑吃力地坐起来，自言自语地说："天哪，我这是在哪儿呀？""你是在我的野菜地里。"一位慈眉善目的老人对她说。

这位老人红光满面、微笑着对她说："你可醒啦，为了乡亲们你辛苦了这么长的时间，为大家挖野菜，还把自己家的粮食拿出来让大伙吃，真是个心肠好的姑娘啊！"刘村姑奇怪地问老人："您老人家是谁？俺村的事您怎么全知道呢？"老人笑着说："你们的事儿我和山神爷都看见了，今天我们就给你送礼物来啦，你尝尝你身边的野菜吧。"刘村姑站起身，她随手拔出一棵野菜，那是一种羽毛状的叶子、茎上长有绒绒的细毛，她将叶子放在嘴中，感到甘甜如果，而且水分很多，她只嚼食了几棵，就觉得肚子都饱了。她激动地给老人家跪下了，兴奋地说："谢谢您了，您的礼物太及时了，我代表乡亲们谢谢您，这野菜叫什么啊？"

老人笑着说："它叫护生草，我把这片野菜地送给你，从今以后你就不要再翻山越岭去挖野菜了。这种草有明目益胃的功能。你们有了这块菜地就能度过旱灾。"老人说完用力拔出一大把护生草，地里又神奇地立即长出一大把护生草。刘村姑高兴地问道："老人家，您是哪路神仙呀？"老人含笑说："玉皇大帝叫我掌管天下的药草，我是谁，你能猜到的。"

老人家说完这句话后便不见了踪影，这时刘村姑才明白，原来是上天派药王爷下凡，给人间送护生草来了……

搜集整理：**严秋声**

两只金鸽子的故事

　　在凤凰岭旁有个车耳营村，村西北的山岭上，有个牛郎洞。清光绪年间，来了个寻宝人，他在各山洞之间转来转去。这天，寻宝人爬上牛郎洞，抓住岩壁上的荆棘条子，连悠带跳，跳到了洞口的鸽子窝前，见有两只金鸽子正在窝里叫着。寻宝人伸手去抓，鸽子钻进洞内，鸽子没抓着，反而弄了一手鸽子屎。

　　后来寻宝人发现这两只金鸽子每天都会飞到磨镰石河边喝水，寻宝人知道，鸽子有"恋群"的习性，单只的鸽子，很容易被鸽子群裹挟回来。寻宝人就来到车耳营村找到一家养鸽子的人家，这家主人姓何，是个鸽子迷。听寻宝人说求他给招两只鸽子，还多给报酬，就爽快地答应下来。还自夸地说，他玩鸽子多年，这点儿小事，手到擒来。

　　这天上午，鸽子迷跟寻宝人一起来到河边见两只金鸽子又来喝水，就回家把自家的十几只鸽子轰起来，绕着磨镰石河上空盘旋，鸽哨声

◎ 炫彩金秋 ◎

凤凰岭传说

清脆嘹亮。当两只金鸽子喝完水起飞后，不知不觉就裹进何家的鸽子群里，盘旋了几圈以后，也跟着落在了何家的房上。鸽子迷拿出高粱撒在院中，引得金鸽子也飞下房顶到院子里吃食。这时鸽子迷拿着圈儿网一扣，两只金鸽子就被捉住了，并装进鸽子笼中。寻宝人很高兴，给了几两银子的报酬，正要出门时，发现何家院子角落处放着一个瓦盆，就问何家的老太太这个盆卖不卖。老太太说："一个破尿盆，要它有啥用？"寻宝人说有点用，您卖给我吧，明天我来取。老人家答应了，心里还纳闷呢。

第二天早晨，老太太想：这么脏的尿盆，怎么让人家拿走，就把这尿盆里里外外彻底刷了个干干净净，还不放心，又用开水烫了一遍，晒在向阳处，这才放心。

晌午刚过，寻宝人高高兴兴来取尿盆，心想：这次收获颇丰，不但逮住了金鸽子，还顺带憋着一只宝盆。原来，这尿盆如果放上水，就会有两条金鱼在里边游。到了何家，老太太还觉得自己很勤快，就对寻宝人说："我见盆子太脏，不好意思让你这么带走，你看我给你刷干净了，还用开水烫过了，一点味儿也没有了。"寻宝人一听，像泄了气的皮球，无可奈何。他知道，这一下把那两条金鱼给烫死了，盆子也没用了。可是对何老太太的热心又无话可说，只好说："多谢老人家，这盆子我不要了。"这下弄得老太太一头雾水，弄不明白他的葫芦里卖的是什么药。也许是寻宝人不该得此宝，也许也是这寻宝人太贪心了，受到了惩罚，使这原本已经到手的稀世珍宝却得而复失了。

搜集整理：**董文森**

小白塔与金鸽子的传说

在凤凰岭的一座高山顶上，耸立着一座小白塔，不知何年何月从何处飞来一对鸽子，一雌一雄。它们浑身的羽毛是金色的，在太阳的照耀下，闪闪发光。它们的眼睛是红色的，像透明的宝石。它们经常一起出去觅食，比翼齐飞，非常恩爱。

说来也怪，自从这对鸽子来到此处居住后，当地特别贫苦的百姓，就常常得到帮助。比如村西张奶奶的老伴，病得很重，全家人因为没钱给病人买药治病，每天以泪洗面。恰恰这时，家人推开大门，在自家门槛上捡到一片金色的羽毛，这下有救了！家里人赶紧拿到当铺去，抓药治病的钱全有了，连买粮食和日常用品的钱都够了，全家人欢天喜地的同时，也在想：这救命的金子是谁给的呢？没办法知道，只好叩拜苍天，以表感谢。李大爷的孙女桂花，被地主的儿子看上了，要收了当偏房。李大爷还欠着地主的债，祖孙两人走投无路，哭作一团。正当两人

◎ 道德峰 ◎

凤凰岭传说

◎ 秋之韵 ◎

准备以死抗争时，奇迹发生了，李大爷推开屋门，发现地上有两片金色羽毛，于是连忙拿到当铺换了钱后，除了还清了地主的债，还有剩余，日子也比以前好过多了。祖孙俩很感恩，又不知该谢谁。以后这样的奇事，又发生了好多次，当地的老百姓感恩戴德，就是不知救命恩人是谁，于是人们纷纷猜测是那两只金鸽子，认为它们是神鸽。有位长者出面，表示大家应该一起去白塔，以表感谢心意，这话得到大伙的响应。于是，百姓们浩浩荡荡地朝白塔拥来。然而，到了塔下，却不见那对金鸽子，那两只鸽子，做了好事不愿人们感谢，躲了起来。

百姓们更爱护那对鸽子了，也更认定它们是神鸽。这消息很快传到老地主耳中，他既恨鸽子救了那么多穷鬼，又贪婪地想捉到那对鸽子，把金羽毛拔光，就发财了。于是，就派了些人去捉金鸽子。但是，捉了半年多，根本行不通，什么也没捉到。坏透了的老地主，终于想出一个恶毒的办法来，从南方请来一个所谓"神枪猎手"，把其中那只雄鸽给打伤了。这件事终于激怒了老百姓，几百人挥舞锄头、木棍，把此人团团围住，活活打死了。老地主吓坏了，一面派人求官府派兵镇压，一面向老百姓解释说好话，称这事跟自己无关。官府看这事已经激起民愤，赶紧贴出告示安抚百姓，勒令地主向百姓赔礼道歉，这事才算过去。

可是，老百姓一心惦念金鸽子的安危，此后的日子里，人们日夜轮流守护在塔下。塔前的空地上，摆满了百姓送来的食物和鲜花。可塔内那对鸽子，就是不出来。一只守候在受伤的那一只身边，连续几日不吃不喝，只是默默地流泪。据说泪珠掉落地上，都成了血红的宝石。

乡亲们都心疼极了，这样子熬下去，也不是办法呀！忽然有一天，天空响了个炸雷，随之就下起倾盆大雨。大雨过后，那对金鸽子便奇怪地消失了。过了好长一段时间，人们才又高兴地看到，那对金鸽子又飞回到小白塔上，时常自由自在地在天空中翱翔，并且频频地向人们点头。听说后来凤凰岭地区的老百姓，为纪念那对金鸽子，好多年都不吃鸽子肉。

搜集整理：孙成柏

十六

金蛇与善人的故事

传说，在很久很久以前，凤凰岭山上的一条小路上，出现了一条金灿灿的蛇。这吓坏了上山赶路的人们。有位胆大的年轻人说："找块石头打死它算了。"一边说着一边顺手抓起一块石头。这可急坏了一位上山采药的老头。他忙说："小兄弟，你莫打它，它也是一条小生灵啊。来到这世上一回也不容易，就放过它吧。"年轻人不情愿地一边放下石头一边说："难怪人家都说你是个大善人，果真如此，唉！不打就不打吧。"

这时不知怎的，蛇好像听懂了老头的话：高高地抬起头，对着老人晃动着身子。

就在人们束手无策时，从山上走下一位老道，一边走着嘴里一边念叨着："莫怕，莫怕，我来也！"只见他来到蛇前，弯下身对蛇说：

◎ 雪罩观景亭 ◎

"你玩累了，回去休息吧，给他们让条路，不然他们怎么过去呢？"这时蛇仿佛听懂了似的，立刻就停下来，抬头向老道点点头，向一边的山上爬去。人们这才长长地松了口气，定下神来再一看，刚才的那位老道也不见了。这时一阵狂风卷着沙石猛刮过来，将沿路的石块高高卷起，大风过后，人们忽然发现上山的路平整又宽阔了。有人说："这是神仙给咱们造福来了。多亏了大善人制止没有伤害蛇，不然后果还不知如何呢。"

一年后，正当人们对这件事情渐渐淡忘之时，又有一桩新鲜事情发生了。

凤凰岭山下住着一户姓郝的人家，这几天正愁家里没粮吃，这家的老头心眼好，给人家看病不但不要钱，还常常拿自家的粮食救济别人，这下连自己吃的都没有了。这家的老太太越想越生气，早早就起床想去挖点野菜来填饱肚子。

当她刚刚走到外屋门口时，突然惊叫一声。老头闻声立刻奔向屋外，只见一条又粗又长的金光闪闪透着红花纹的大蛇紧紧盘在门口。老头很惊诧，紧接着自言自语道："原来是你呀！然后转身对老太太说："你不要怕，这就是我跟你说起的去年在上山路上遇到的那条蛇，当时是我不让年轻人打它的，想不到今天却登门来访。"这时只见蛇一边望着老头一边直点头，老头说："它好像在感谢我呢。"老太太忙说："快让它走吧，不用谢了，看着就害怕。"老头便也学着当年的道士那样说："歇一会儿就回去吧，路上别让人伤着你，快一点爬。"蛇像是听懂了老头的话，点了点头，转身向院外爬去。老头不放心地追出院外，并没有发现蛇的踪影。

待他返回院子时，发现院子里出现了一大堆金黄的玉米。老两口都惊呆了。老太太高兴地说："老头子啊，看来这蛇真的是来报恩的呀，这也许就应了人们常说的那句话'好人有好报啊！'，今后你还是继续做你的善事吧，我再也不管你了，不但你做善事，我也要跟你一起做善事啊！"老头说："既然要做善事，咱们少留一点，剩下的就都送给那些逃荒的灾民吧，他们也够可怜的！"老太太高兴地答应了。

后来，这家善良的老两口，为了救那些受苦受难的人，开始了漂泊的生活，哪里有难就到哪里去。

后来人们纷纷传说老两口修行成仙了。从此以后，凤凰岭的村民们再也不伤害蛇了。

搜集整理：**常　敏**

凤凰岭传说

山坡仙药何首乌

很早以前，在凤凰岭的山坡上，就有中草药何首乌存在，要问怎么发现的它，那有一段故事。

大约在清朝年间，京西的车耳营村有一户姓何的人家，家里有三口人，母亲和儿子、儿媳。儿子的父亲因病很早就去世了。按说，年轻的儿子应该立志争强，好好务农，扶持母亲把家业给撑起来才对。没想到，这个儿子太不争气，好吃懒做不说，还染上了小偷小摸的坏毛病。周围的邻居都被他偷遍了，后来人们一看到他走进院子，就盯着他，根本不让他进屋。人混到这样，家里都跟着丢人，一气之下，母亲把他赶出了家门。

幸运的是这儿媳妇人还不错，跟着婆婆劳动，省吃俭用，操持家务。婆媳俩每天都纺纱纺到深夜，总会听到院中有幼孩追逐的声音，开门看看却什么也没有。一天，窗外又有响动。婆媳俩商量儿媳继续纺纱，婆婆由窗户观察。婆婆扒窗户一看，有一男一女两个小孩由墙阴出来，手拉手到院中拜月。婆婆以为这是妖孽，不敢打扰他们。他们有个亲戚是熟悉中医的，婆婆便把自己所看到的事，原原本本告诉了亲戚。那个亲戚说："如果是妖怪，必然破坏你们的生活，看来

◎ 凤凰岭彩叶 ◎

不是。我想可能是灵药所变，你们要是得到，蒸着吃了，说不定会变成仙。"婆婆说："要是灵药敢情好。可是它稍稍听见响儿就溜走，我们怎能捉得到呢？"那个亲戚说："这不难，稻米是天地正气所结，能压宝藏。如果由窗缝掷去，只要打在它的身上，它就跑不了了。"

亲戚走后，婆媳两人便在某天夜里将那两个小人抓住了。儿媳妇呼唤婆婆仔细观看，被击倒的像是木雕人，眉目如画，气味芬芳。婆媳俩一商量，上锅蒸熟之后，婆媳俩各吃一个，吃完后一天都不饿了。可到了第二天，没想到竟不能起床。邻居觉得奇怪，扒墙檐一望，见婆媳俩浑身胀，不能言语。邻居急忙找来这家的亲戚。亲戚看了看病人，又看了看桌上碗里剩的一口东西，笑道："这不是病，前些日子，她们婆媳俩跟我说起一事，我教她们捕捉的方法，想必是逮着吃了。此药叫何首乌，她们不知这药不能久蒸久晒，又不知道避忌，一定不能用铁器，所以中毒了。不要紧，我给她们灌点解毒的药，过几天，肿消人醒，和以前一样。"

婆媳俩苏醒之后，也长了见识，知道如何用何首乌养生。人健康了，精神也越来越好。这样过了二十多年，当初跑到外面的那个儿子，觉得自己老了，饥一顿饱一顿的生活也过够了，只好回家。母亲见他回来，问他这些年做了什么营生，他说一无所获。母亲听后，生气地举起扁担就打。这时，有位御史大人路过此地，看见一位"年轻"的媳妇在打一位"老人"。于是，上前追问她何故打老人，一问才知道是母亲在教训儿子。御史大为吃惊，便派侍从详细观察他们的生活环境，结果发现他家的院中长着一种爬秧的植物，藤叶互相交织缠绕着，那肥大的叶子托着一朵圆形的花。御史立即让人拔些这种植物带回。经请教中医得知，这是一种中草药，名叫"何首乌"，可治多种疾病。御史听了中医的讲解，非常高兴，自己便也留下了许多。

从此以后，何首乌的传说故事便在民间流传开来。凤凰岭附近的山民们也开始认识和采集中草药——何首乌了。

搜集整理：止　敬

槐花香

　　凤凰岭到处都是槐树，每到春末夏初的时候，一片片的槐林，垂挂着一串串乳白色的小花，散发出一股浓郁的香气，让游人止不住停下脚步欣赏。关于槐树还有着一段辛酸的故事。

　　就在凤凰岭的东侧，有一户人家，男人叫郭林，他的媳妇叫吴姐，一年到头，就靠卖柴为生。这年，到了年关跟前，鹅毛大雪把山路给封死了，无法上山打柴了，家里没有一点粮食了。郭林就对妻子说："眼看快要过年了，你还是到你娘家去借点粮吧。"妻子看孩子饿得肚子咕咕叫，没有别的办法，只好硬着头皮回到了娘家。吴姐一进家门，正好碰见她兄弟，没等她张嘴，兄弟就用鼻子哼上了："我约莫你该来了。你们没饭找我，我有饭吃不下找谁呀？我的老鹰丢了三天啦，想的我都掉了魂，还有心思管你们呀？"说完，转身走了。吴姐知道多多更是狠心肠，求他也是白搭，于是转身走了出来。

◎ 山花烂漫 ◎

凤凰岭传说

　　吴姐抹着眼泪回来，把兄弟的话一学舌，气得郭林从炕上爬起来，拿起斧子就上了山。他抡了几下斧子，没砍下一根树杈，眼睛一冒金星，一个跟头栽倒了。他仰脸朝天躺在那里发愁，正巧看到树上有一只老鹰，腿上拴着红绳，绳缠在了树杈上。这个意外的发现，使郭林来了精神，他赶忙回到家，跟妻子说："你再回娘家一趟，这回是叫你兄弟来求咱。""求咱？人家凭什么呀？"郭林在吴姐耳边悄悄地说了几句，他妻子才半信半疑地走了。

　　吴姐还没等进家门，就又碰见他兄弟了。挺老远的她就朝兄弟问："你那鹰可找着了呀？"她兄弟说："上哪找去？要找着我能是现在这样吗？"吴姐说："你打算要老鹰不？要是要，就跟我走找你姐夫去，不要，你爱干吗干吗！"说完，她就要走，他兄弟一寻思，也许姐夫真知道老鹰的下落？只得死马当活马医，跟着走一趟了。

　　郭林见小舅子真来了，故意装没看见，在一边磨他的砍刀。小舅子没话找话说："姐，你跟姐夫说说那事。"吴姐转脸对丈夫说："我兄弟也没什么要紧的事，就是他玩的那个老鹰不见了，你给算算在哪里？"郭林撂下手里的砍刀，装模作样地一屁股坐在地上，双眼微闭，嘴里像是叨念什么，半天他才睁开眼睛说："你可听好了，往东走九百步，看见一棵向南歪的槐树，跪下磕三个头，然后说'槐树槐树快开花，香遍十里的人家。若是老鹰找到了，槐花入肴事事佳。'就能找到你的老鹰了。"

　　小舅子像是领了圣旨一样，按姐夫的话，一步不差走了九百步，果然看到一棵向南歪的老槐树，赶紧跪倒，诚心诚意地磕了三个响头，然后一字一句地说："槐树槐树快开花，香遍十里的人家。若是老鹰找到了，槐花入肴事事佳。"说完，慢慢睁开眼睛，果然看到被缠住的老鹰，心疼得他赶快解开红绳，救下了自己的老鹰。他找到了老鹰，心里痛快多了，没想到姐夫还有这么两下子。于是他背着老爹，偷偷从家里拿了些过年的东西，送给了姐姐，以后有麻烦姐夫的地方，也好说话呀。

　　说来也怪，自打小舅子给歪脖老槐树磕了头，说了祝语之后，等到槐树开花的时节，岭上所有的槐树花一齐放香。前来闻香的人多得不得了，就是蜜蜂也成帮结伙地往槐花上落，槐花蜜至今还是凤凰岭有名的特产。吴姐和郭林自从槐花香了以后做起了生意，他们用槐花给人治病，用槐花蜜配上大黄，清热解凉，专治痔疮；用槐花马齿苋熬粥，止血解毒；用槐花蒸鱼，清热利湿；用槐花泡茶，清暑解热；用槐枝烧成灰，香油拌好，治外伤感染。一时间，这两口子整天忙个不停，过去那拮据的日子也一去不复返了。

搜集整理：**止　敬**

凤凰岭传说

十九

观音院的石狮子

观音院是去妙峰山娘娘庙上香的第一站。好多香客下了车马都先到观音院上香、许愿、祈福，有年老病弱腿脚不利索的，干脆就不上妙峰山，住在观音院边上的客栈里，在观音院上香许愿之后就回家了。

说起建这观音院，还真有些说道呢。早年间，一个高僧云游四方，一路化缘布施走到聂各庄地界，他觉得这儿的风水很好，只是妖气太重。高僧便施法术定睛一看，原来这里有一条暗河穿村而过，河中有一妖冶女子在施展妖媚。高僧再一照，哪里是什么女子，分明是一只千年的水狐狸精在作怪。于是，高僧拿出铜钵收了那狐狸精，然后就去找村中的长辈说："为了你村里人的安稳，你们村一定要盖一座四重殿的观音庙。正殿供奉观音菩萨，前殿供奉娘娘庙的娘娘，后殿供奉主宰人

◎ 石狮子 ◎

间功名利禄的文昌帝君，山门要请子孙、眼光、送子、斑疹诸神君。再在庙头里放两只旧的石狮子，才镇得住。"长者问："供奉这些菩萨神仙有什么讲究吗？"高僧说："天机不可泄露。只要你们按我说的去盖，保你村做官的做官，发财的发财，平安的平安。"这位长者开始还有些怀疑，但为了村里人，也就相信了，再说修庙也是一件积功德事，于是长者便朝村民集了些银两，就开始动工了。

◎ 秋高气爽 ◎

　　很快，观音庙盖起来了，可山门前还差一对石狮子呢，还得是旧的。上哪儿弄去呀？即使找着了，又怎么弄回来呀？有人说石门的老道坟那儿有两只，让村里的大力士赫大力把它们弄回来不就行了。这个赫大力每顿吃斗米斗面，力气极大，方圆百十里，无人不知无人不晓。大伙都说行。于是等天一擦黑儿，赫大力就上山了。他力大步子也大，不一会儿就到了石门。看见两只石狮子，一手捏一个，抬腿就走。到了观音庙，把石狮子左边摆一个，右边摆一个。等天亮了大伙一瞧，这两只石狮子怎么不是一对呀？一大一小。大家都很纳闷。后来还是那高僧道出了原委：原来这两只石狮子是一对母子，所以一大一小，大的为母，小的为子。

　　这对石狮子虽然不太习惯让人瞧来瞧去的，但还是挺安分地在庙前把守了好多年。转眼到了民国年间，那小石狮子可就按捺不住了，一到夜里它就到处溜达去了。一次它不知不觉地溜达到了一块麦子地，闻着小麦成熟的香味儿，小石狮子顿时觉得肚子咕咕叫了，它就撒开欢儿地吃起麦子来了。吃得正香，就觉得眼前一黑，疼得它哇哇直叫，什么也看不见了，只好忍着疼，跑到庙头里和妈妈哭诉去了。原来小石狮子吃的是杨家的麦子，他们便用枪打伤了小石狮子的眼睛。石狮子妈妈气愤不已，暗下决心要给孩子报仇。不知石狮子妈妈是用什么法术对他们进行报复的，村里的年轻人总是很奇怪的暴死，村民都人心惶惶的。一位高人说："这都是你们村的年轻人自己惹的祸。杨家后生用枪打伤了聂各庄观音庙里头的石狮子。那可不是一般的石狮子，它们是神狮子。你们村要想太平，明天一早赶紧去观音庙上香请罪去吧。"村民们一听，没敢耽搁，第二天一大早来到观音庙前，直接先给两只石狮子上香、敬果，请求它们饶过沙涧村的年轻人，并许愿年年麦收时给它们送新麦子来，让它们吃个鲜儿。然后又进各大殿上香跪拜，祈求菩萨保佑沙涧村的后生们平平安安的。说来也怪，从此以后，沙涧村果真太太平平的了。

现在那只小石狮子的眼睛还是瞎着的呢，看着让人心疼。

搜集整理：**胡玉枝**

炊帚姻缘

以前，台头村老李家的爷俩，给地主崔万贯家扛长活，帮他家侍弄百十来亩地。爷俩每日天不亮就下地，傍晚掌灯才回家。家里也没个女人照料，爷俩就饥一顿饱一顿地糊弄着过日子。

有一年，大秋过后，主家要犁出地来种麦子。为了赶活，爷俩下地比平时更早了。这天，爷俩早早地套上牲口下了地，从西头往东头犁了起来。天刚擦亮，爷俩已犁了好几个来回。这时听见一个女人在叫："快来吃饭吧，快来吃饭吧。"爷俩顺着声望过去，看见一个俊俏的女子，拿着一个竹篮，好像还能闻到饭菜的香味。那俏女子又说："大伯大哥，你们歇歇脚，吃口饭吧。"爷俩更纳闷了，这还不到吃饭的时候呀，而且平时来送饭的是王妈，今儿怎么换人了？俏女子看爷俩有点疑惑，就说："大伯大哥，你们吃吧，我是替王妈来的，她老人家今儿不舒服。"爷俩听她这么说才放心地吃起来，而且今儿的饭菜比平常好多了。俏女子看着爷俩吃完了，收拾起碗筷，便离开了，爷俩也起身下地了。干了有半个时辰，又见平时来的王妈叫他俩吃饭。这爷俩又纳闷了，就冲着王妈说："王妈，我们吃过了，你今天不是不舒服让一个姑娘给我们送来了吗？"王妈说："是呀，我今儿早起头疼得厉害，可我没叫一个姑娘来呀，莫不成是主家叫别人来了？"爷俩说："也没准。"王妈见爷俩已经吃完了，便走了。

晚间收了工，爷俩披星戴月地回了家。还没到家门口，就闻到饭菜的香味，起初还以为是别人家呢。进了家门一看，平时乱七八糟的房间，这会儿怎么变得干干净净、整整齐齐的了？做好的饭菜热乎乎的摆在桌子上，衣服洗的洗补的补，叠起来放在枕头边儿上。爷俩里外看了一圈，也没见着个人影儿。也顾不得那么多了，端起碗筷把饭菜吃了个精光，倒头便美美睡了一大觉。

这爷俩真是交了好运，就这样，一连几天都是早上有人送两次饭，晚上有人给洗衣服做饭。爷俩想看看到底是谁在帮他们洗衣做饭。于是这天，他们早早地收了工，回了家。快到家时，他俩放轻脚步，悄悄走到窗下，扒头往里一看，原来是那早上送饭的俏女子。俏女子也听见动静，回头一望，正好和爷俩的目光碰上了，脸一下子就红了，羞答答地说："大伯大哥，你们今天回来得早呀，你们先歇会儿，饭菜马上就好了。"老李忙说："姑娘你是谁家的闺女呀？怎么天天来我家做饭洗衣呀？"俏女子说："我原是西贯市鲍家厨房的小炊帚，一次不小心扎破了大师傅的手，大师傅一生气就把我给扔了。我也不知道怎么就到了你们干活的那块地了，也不知待了多少日子，受仙人点化，成了精，能使变术。我看你爷俩人好心又善良，可每天干活太累，又吃不好，挺心疼的，我就从地主家拿些好吃的给你们。大伯，你要是不嫌弃，就让我做你的儿媳吧。"老李看儿子的脸也红了，知道他的心思了，就忙说："姑娘，只要你不嫌我们家穷就行啊。"俏女子也忙说："不嫌，不嫌。"于是，俏女子变成了老李家的儿媳妇，给老李爷俩操持家务。

这边再说王妈，每次给老李爷俩送饭都说吃完了，还说是个姑娘给送的，到底是谁呀？王妈就把这事和主家说了。主家也觉得蹊跷，就请了个道士给看看。这天道士和主家来到地里，他拿了个鞭子，冲着牛屁股后的犁铧底下就是一鞭子，只听见一个女子的叫声："大伯大哥，快救我。"然后犁铧底下就出现了一个炊帚。这时道士说："这是个有三百年道行的炊帚精，它曾是贯市鲍家的炊帚，一次扎破大师傅的手，被扔了。它本是精灵之物，又吸天地之灵气，采日月之精华，天长日久就成了精。她在人间还有一段姻缘。"说完，挥鞭一指，口中念道："还来吧。"只见那炊帚又变成了俊俏的小媳。小媳妇连忙上前施礼道："小女子谢过道长。"道士说："不必了，好好过活去吧。"转身离去。主家见此，也动了善心，赏了老李家几亩好地。从此，老李家的小日子过得可美了。

搜集整理：**胡玉枝**

将母山的传说

凤凰岭有座山峰，民间称之为"将母山"。说到这将母山，民间还流传着一个美丽的传说。

相传，很久很久以前，现在将母山那个地方是一片茂密的树林，一条小河从这里流过，不时还有野兽出没。人们常到这里打柴、捕猎。

有一天，三位神仙外出游玩，看到这里物阜民丰，非常高兴，便化作凡人到村镇上转了一圈。中午时分，他们玩累了，顺小河逆流而上，来到树林中。一位神仙说："出来逛了半天，这会儿觉得有些累了，不如在这里坐一会儿吧。"其他两位都表示赞成，于是，他们找了一块干净的大石头坐下。

又有一位神仙说："不光累了，连肚子也有些饿了，不如拿些火枣垫垫肚子。"说着从袍袖里拿出一盘火枣，放在石头上。这火枣不愧是神物，个个通红透亮，香气逼人。见他拿出火枣，另外两位神仙一个拿出一

◎ 凤凰岭杏花 ◎

盘叫不出名字的仙果，一个拿出一瓶酒。三人就在石头上有说有笑地吃起来。那鲜果和酒好像永远也用不完似的，他们吃了半天也没见减少。

这时候，已经到了正午，太阳晒得厉害，三个老头坐不住了。一个说看我唤一阵风来，一个说看我找片云来把太阳罩住。最后一个赶忙拦住他们，说："我们没有秉明主人，私自下凡，本身罪过不小，哪里还敢呼风唤雨的？要让上界知道了，谁来担待？"

一个小个子说："仁兄说得固然有道理，可是太阳这么毒，难不成我们在太阳底下晒着喝酒不成？"

刚才说话的那个笑嘻嘻地说："再怎么说，我们也是神仙，怎么能头顶太阳喝酒呢？"说着，他从袖子里掏出一个像小伞样的东西，往空中一抛，越变越大，最后变成了一个帐篷。

帐篷落下来，将三人罩在中间，三人喝酒的地方顿时清凉起来。三人说说笑笑，接着喝酒。喝完之后，就倒在地上休息。

正在这时，忽然听到天空中传来钟响，三人顿时慌张起来，乱叫道："主人回来了，快走、快走。"急忙收起酒瓶、盘盏，放在袖中，腾空而去。慌乱中，几枚火枣滚落在地上，帐篷也忘了收起。

后来，那帐篷便变成了一座高山，滚落在地上的火枣，就变成了满山的酸枣。人们常说凤凰岭将母山的酸枣特别好吃，是因为那是神仙的仙果变成的。至于那三个仙人是谁，人们就无从知晓了，有人说，那是神仙手下的三个童子，也有人说，他们本是三只禽兽，被神仙收作了弟子，反正，后来人们再也没见过他们。

当地人发音有地方特点，他们称帐篷为"将母"，久而久之，将母山的名字就一代代地流传下来，至于"帐篷山"人们反而不知道了。

搜集整理：**樊志宾**

石鹰头的传说

石鹰头地处凤凰岭山脉的西端，它的样子好像一只雄鹰正要展翅飞翔，所以得此名，当地人俗称它"石山头"。几百年来，这儿流传着一个白胡子老汉的动人故事。

早年间，在一个冬天的夜晚，从石鹰头的后山来了一位老汉，留着白白的胡子。他赶着一头毛驴，驴背上驮着山货要进城去卖。他经过这里的时候已经快后半夜了，路上黑咕隆咚的，前后都不见一个人影儿。

老汉有点心虚，他一边走一边哼着小曲，眼看着就要走到石鹰头了。他看见前边路旁有亮光在闪动，这条路老汉很熟悉，他知道白天有附近的石匠们开石料，晚上石匠们冷了就用些柴火烧着了好取暖。他也想在石匠们这儿打个歇儿，烤烤火，同时也让毛驴吃些草料。于是老汉就吆喝着毛驴朝灯火闪动的地方走去。

◎ 远望阴凉亭 ◎

可是当他走近有亮光的地方一瞧，不是石匠们在烤火，而是路边一间茅草房里边闪烁着的灯光，房子里有个模样俊俏的姑娘正在石磨旁边磨豆腐呢。她有十七八岁，上身穿一件粉红色的棉袄，下面着一条葱心绿的棉裤，脚蹬一双绣花鞋。石磨旁边有一头棕色的小毛驴，姑娘跟随着小毛驴，并不时地向石磨的磨眼中放着泡好的黄豆。

白胡子老汉走到草房子门口，停下脚步说："姑娘，你忙着哪，你给我口水喝吧，顺便我也饮饮驴呀。"那姑娘并不说话，只是用手指指门口的水缸、水桶和水勺。老汉忙将自己的驴拴在草房门前的那棵柳树上，用水勺从水缸中舀了多半桶水给驴先喝，然后自己才喝。喝完水他对正忙着磨豆腐的姑娘说："姑娘，谢谢你啊，你是哪个村儿的？我经常走这儿怎么从来没瞅见过你呀？"可那姑娘仍然只是低头干活不吭声，也不正脸看他。老汉挺纳闷，这姑娘是不是耳背呀？他就又问了一句，可那姑娘仍然没回答。这下子老汉可有点生气了。心想我和你说话你不是不搭理我吗？那我拿你点东西看你说不说话。于是他就轻轻地走到水缸旁边，从那装满黄豆和水的桶里抓了一把豆子放在自己的上衣口袋中，那姑娘似乎发现了，可还是不言语，仍然站在石磨旁低头磨她的豆腐。

老汉从草房里出来，赶着毛驴继续上路。路上他就琢磨，天这么晚了，可那姑娘还敢一个人在这儿磨豆腐，她就不害怕吗？他忽然想起来，以前走过石鹰头这儿多次，不记得有这么间磨坊呢？也从没有见过那穿红衣绿裤绣花鞋的姑娘呢？哎呀不好，我刚才撞见的是人哪还是鬼呀？一想到这儿，他的头发根儿都竖起来了。虽然有点儿后怕，可他又一想，我这么多年心眼儿好，不坑人不害人我有什么可怕的。想到这儿他反倒踏实了，便大声吆喝着继续赶他的路。

天渐渐亮了，老汉突然觉得身子越来越沉。一开始他认为可能是自己上了岁数，不像年轻时体力好。可老汉觉得越走越沉，于是想停下歇会儿，他顺手一摸上衣口袋中的黄豆时却吓了一跳，那一把黄豆已经变成了沉甸甸、金闪闪的金豆子了！

后来这老汉从城里卖山货回来又路过石鹰头，可那间茅草房、石磨和毛驴、俊俏的姑娘却早没有了踪影。这老汉是一个老实巴交的人，他知道"不义之财不能要"的道理，于是他把那些金豆子都捐给了老家的一所小学校，他自己仍然过着清苦但又踏实的日子，后人们传说这位不爱财的老汉活了120多岁。

搜集整理：**严秋声**

后记

AFTERWORD

凤凰岭位于北京海淀区西北部。青山绿水，蓝天白云，层峦叠翠，密林曲径，奇花异草遍及山野；其上风上水的地理优势，使之享有京城"绿肺"之称。

凤凰岭自辽金时代，就有大量的佛教、道教、地方宗教和古东方养生文化遗迹、遗址、遗物遗存。龙泉寺、桃源观、黄普院、玄元洞、修仙椅等与凤凰岭的自然景观相得益彰，使整个凤凰岭兼具了自然和历史文化之美。

世世代代在凤凰岭地区生活的人民，怀揣着对这片土地的崇敬和热爱之情，怀揣着对美好生活和真善美的向往之情，口口相传着关于凤凰岭的美好传说。

本次传说的编撰是基于2008年北京市海淀区文学艺术界联合会组织十多位作家深入凤凰岭地区村户，走访了多位老人，进行民间采风。经过作家们的辛勤努力，集成了由85篇民间传说和故事组成的《凤凰岭的传说》一书。本次编撰再次深入凤凰岭地区村户，走访了多位老人，并对传说故事进行重新整理排序，并配上照片图鉴。

感谢为此书付出辛苦努力的各位文联作家。感谢讲述传说故事和提供素材的老年人：张志诚、王生、赫万义、李庆山、赵忠林、田占义、田宝善、张汉林、赵锡友、高振强、邢淑兰、黄金水、孟万友等人，其中两次采访之间，有部分老人已经去世，感谢他们为凤凰岭传说前期资料的积累所提供的宝贵口传资料。感谢由郝仲泉先生编写的《神山景物考及传闻》一书，为此书提供参阅。感谢为本书提供摄影照片的各位摄影师，特别是萧军老师为本书提供多张精美摄影作品。

　　本书的整理出版离不开北京市海淀区文学艺术界联合会、北京民间文艺家协会、北京出版集团各位同志的辛勤工作，在此表示一并感谢！

　　限于时间和水平，可能还有许多不尽如人意之处。但相信读者读过此书后，一定会深深地迷上凤凰岭。

北京凤凰岭自然风景公园

2017年12月